# HAPPINESS y HAPPY MONEY

Rafael D. Kasischke

# Happiness y Happy Money

Información bibliográfica de la Biblioteca Nacional de Alemania:
La Biblioteca Nacional de Alemania registra esta publicación en
la Bibliografía Nacional Alemana; datos bibliográficos detallados
están disponibles en Internet a través de http://dnb.dnb.de.





Publisher: BoD · Books on Demand GmbH, In de Tarpen 42,
22848 Norderstedt
Printed by: Libri Plureos GmbH, Friedensallee 273,
22763 Hamburg

ISBN: 978-3-7693-2007-7

# TABLA DE CONTENIDO

# Prólogo

Luz dorada y brillante fluye hacia las personas. Luz dorada brilla a su alrededor. Esto los llena de AMOR. Se sienten seguros. Se sienten bien. Están felices. Una profunda FELICIDAD y ALEGRÍA los rodea. Están tocados por esta luz. Llena sus CORAZONES. Sienten el AMOR y la conexión con algo más grande: la energía cósmica.

Luz – Amor – Ligereza – Paz – Libertad – Conciencia – Compasión – Gratitud – Reconocimiento – Verdad – Confianza – Respeto – Apertura de corazón – Intuición – Inspiración – Bailar – Reír – Alegría – Desenfado – Serenidad – Plenitud – Riqueza interior – Valores internos – Satisfacción interna rodean a estas personas. Se sienten felices, comprendidos y "en casa" en sus corazones. Con gran alegría abrazan a su familia, sus amigos, los vecinos, la comunidad.

Y esta alegría es vista por otras personas. Ellos vienen y quieren entender lo que está sucediendo: una gran transformación – de la tristeza, el miedo y el sufrimiento al abrir de los corazones, el recibir luz dorada, el sentir alegría y felicidad.

Cada vez más personas llegan. Ellos también reciben amor, luz dorada y alegría. Se genera una reacción en cadena. Más y más personas son atraídas y quieren experimentar este milagro. Del sufrimiento, miedo y tristeza, pesimismo y temor al futuro, declive y caos, se pasa a la calma interior, confianza, optimismo, un nuevo comienzo, alegría de vivir, ligereza, tranquilidad y, con ello, felicidad.

¿Cómo es posible? ¿Cómo pudo suceder? ¿Quién lo causó? ¿Es una ficción? ¿Es solo este momento? ¿O este nuevo despertar perdura?

No es ficción. No es un sueño. Es el futuro cercano. Hacemos felices a las personas. Las sacamos de su vida monótona y las envolvemos con un halo que irradia profundamente hacia su interior y llega a las células de su cuerpo y sus sentimientos, que pasan de ser oscuros a dorados.

Porque nuestra consciencia creció de la noche a la mañana. Y con nuestra consciencia también se expandieron nuestras células corporales, mentales y emocionales. Nuestros traumas, nuestro pasado vivido y nuestra situación presente sin esperanza desaparecieron de la noche a la mañana.
Un resplandor dorado llegó a las personas que estaban abiertas y listas para ello. Y estas personas ahora contagian a otras. Ellas también quieren probar este néctar de felicidad. Y ellas también son llenadas con amor, alegría y gratitud por lo nuevo. Y también reciben el halo dorado.

Todo esto no es una visión, sino que es el futuro cercano. Está a la vuelta de la esquina: este sentimiento de felicidad entre las personas.

Todos los días leemos sobre el tema de la felicidad en los medios de comunicación. Incluso hay una lista de países con las personas más felices. Los países nórdicos como Finlandia, Dinamarca, Islandia, Suecia y Noruega ocupan los primeros lugares en el World Happiness Report 2024.

¿Pero nos hemos vuelto más felices gracias a los medios y la publicación de los países con las personas más felices? No. En parte, hace que las personas se sientan más infelices, porque piensan: ¿Cómo pueden ser felices los demás y yo no?

Todos podemos ser felices. Y de eso se trata este libro. Pero como mencioné al principio, el cambio hacia la felicidad aún no ha ocurrido de la noche a la mañana. Hasta entonces, tenemos que seguir el camino convencional para alcanzar la felicidad interior. Y el camino convencional a veces es espinoso.
En cualquier caso, es un proceso que aprendemos a través de la experiencia de la vida. Pero, en el fondo, somos felices desde el nacimiento. Porque podemos estar felices de haber nacido y de tener la oportunidad de experimentar la rica vida.

Y cuando somos niños, reímos más que nunca. Después, muchas personas lo han olvidado. Podemos recordar esos tiempos despreocupados y volver a activar la risa y la alegría desde el corazón. Y podemos animar a otras personas a seguir este camino también. Así, la paz y la alegría entran en nuestra vida y en el mundo.

Se trata, pues, de recuperar la felicidad que experimentamos de niños y luego olvidamos. Porque cada persona, todos nosotros, queremos ser felices.

¿Es usted feliz? ¿Por qué? ¿Cómo? ¿Todos los días o solo raramente? ¿Cómo se manifiesta su felicidad? ¿Quiere saber cómo mantenerse constantemente feliz o ser aún más feliz? Algunas personas son felices hoy y mañana infelices, es decir, inestables.

Hay muchos libros, consejos y sugerencias. He leído algunos para conocer la sabiduría de otros autores. Pero pocos me han convencido. ¿Por qué no? Muchos abordan el tema de manera científica. Psicología positiva es la palabra mágica. O son pseudoespirituales con buenos consejos.

Yo abordo el tema de manera diferente, desde un punto de vista práctico. Para mí, la felicidad es un proceso que no se puede aprender de un día para otro.
Como todo en la vida, esto también tiene dos caras. Porque vivimos en la dualidad: día – noche, luz – sombra, alegría – sufrimiento, guerra – paz, positividad – negatividad.

Para alcanzar la felicidad, debemos pasar por experiencias, tanto positivas como negativas. Lo mejor es no saber de antemano de qué se trata. Simplemente se sigue el camino, ya sea hacia la prosperidad o hacia el abismo. Eso ya se verá.

Y si, por ejemplo, uno ha seguido el camino hacia el abismo y logra salir de él, entonces se ha hecho una de las experiencias y se ha alcanzado el objetivo.
Prácticamente, se puede marcar esta experiencia en la lista de comprobación.

Y así hay muchas experiencias que contribuyen a alcanzar la felicidad. Pero primero debemos vivirlas. Si uno ha seguido el camino hacia la prosperidad, no significa que no volveremos a experimentar el abismo. Aún puede encontrarse en nuestro camino. Y entonces, la alegría y la ligereza se convierten repentinamente en pesadez, tristeza y sufrimiento. ¿Por qué? Porque nos identificamos con nuestro cuerpo, nuestra historia, nuestros padres, nuestro trabajo, nuestra fortuna, en lugar de verlo todo desde la distancia y con sabiduría.

# Introducción

Muchas personas buscan la alegría, la alegría de vivir y un sentido en la vida. Ya tienen suficientes preocupaciones, miedos y dudas. Este libro pretende inspirar la alegría y la reflexión sobre la vida. Estoy abierto a recomendaciones y sugerencias.

He dado varias charlas sobre la felicidad: "¿Cómo traigo tranquilidad y alegría a mi vida?" se titulan mis charlas "Happiness & Money".
O: "¿Cómo me vuelvo feliz, despreocupado, sin miedos? Porque muchas personas están estresadas, preocupadas por ganar dinero, tienen problemas familiares y sufren de depresión. Rafael conoce estos temas por experiencia propia. Gracias a su transformación interna, se ha convertido en una persona alegre y llena de vida. ¿Te gustaría ser como él?"

También he ofrecido a empresas suizas y alemanas hacer felices a sus empleados. Me dijeron que todos sus empleados ya son felices y que tienen suficiente personal especializado para ello. Me alegró mucho saber que este tema ha llegado a todas las empresas y que sus empleados ahora son felices. Naturalmente, tuve que sonreír ante esas respuestas, porque en nuestro mundo actual, muy pocos son realmente felices y están llenos de alegría (= más allá de la alegría).

¿Por qué los colombianos son más felices que los suizos? Le pregunté a un estudiante de doctorado colombiano en la Universidad de St. Gallen/Suiza. Él se enfoca en su investigación en la conservación del patrimonio cultural y ecológico de las comunidades indígenas de Colombia, así como en los mecanismos de mediación y diálogo en el marco de las Naciones Unidas. Vive en Suiza desde hace algunos años y conoce muy bien la diferencia entre los dos países.

Su respuesta fue: el pueblo colombiano tiene dones internos que los suizos y otros pueblos de Occidente desconocen. Es la alegría interna (the joy beyond), la felicidad interna, la risa, las bromas, el chisporroteo (chispa), lo travieso, lo picaresco.

¿De dónde viene esta fuerza? De una fuente a la que todos tienen acceso, pero muchos han olvidado o reprimido, esa fuente que hay que aprovechar y sentir en una energía que no se puede tocar. Los pueblos indígenas tienen acceso a esta fuente. Armonización es su palabra mágica: armonización entre las personas (y no individualización), así como armonización con la naturaleza. Yo lo llamo espiritualidad.

Quiero inspirar y sensibilizar a las personas para que encuentren el oro interno: la alegría, la ligereza, la infancia, el amor y la sabiduría dentro de ellos mismos, y sean felices.
Mi objetivo es embellecer el mundo y llevar felicidad al mundo. El desafío radica en cambiar la forma de pensar y la actitud de las personas, y en liberarse del ego y del dinero.

El 24 de agosto de 2024, conocí a una pareja de la India en la Bahnhofstrasse de Zúrich. Un joven sostenía un cartel que decía: "Se buscan personas positivas". La pareja india y yo nos acercamos al joven con el cartel al mismo tiempo. Discutimos sobre personas positivas y sobre la felicidad. ¿Cómo llegamos a la felicidad?, preguntó el indio. Haciendo algo por otras personas, algo que toque nuestro corazón como donantes y el corazón del destinatario, sin esperar nada a cambio, solo por amor al prójimo.

Por supuesto, también podemos recibir algo. Pero no como solía ser: una gran suma de dinero. La codicia y la maximización del beneficio ya no están de moda. De esto escribo en el capítulo 7.

**¿Qué ha tocado mi corazón y por qué estoy agradecido?**

Estoy agradecido por mi vida. De esto escribo en el capítulo 6. Y estoy agradecido por las experiencias que he tenido en mi vida. Gracias a estas experiencias, me he vuelto feliz. Hoy tengo mucho menos en lo material que antes. Pero hoy tengo mucho: conocimiento, sabiduría, experiencias, así como mis talentos y dones. Todos los días conozco a nuevas personas, les doy alegría, luz de sol y luz dorada, y les quito el miedo.

Esta es una maravillosa habilidad que toca mi corazón y por la que agradezco al gran todo.

¿Es necesario tener una gran fortuna material para ser feliz? Yo tenía esa fortuna: una gran casa propia en la mejor zona de Miami, Florida. Una gran entrada de parque con una fuente bordeaba el jardín delantero. En la parte trasera de la casa, un hermoso jardín con una gran piscina, colindante con el campo de golf del conocido hotel Biltmore, con vistas al Par 3 desde el dormitorio en la planta superior. En el garaje, dos coches. Los niños en la escuela privada. A nuestro alrededor, las más hermosas mansiones con la gente más rica de Miami, y constantes invitaciones y celebraciones. Profesionalmente, fui exitoso, representando los intereses de un banco suizo en América Latina. Así se puede ser feliz. Y lo fui.

Pero después, cuando ese brillo exterior me fue arrebatado, me volvió más feliz aún. Esta es una historia sobre mí y otras personas sobre la verdadera felicidad interna.
**Podemos aprender que no se trata de venir al mundo para acumular posesiones, sino para desarrollarse.**

Uno puede preguntarse: ¿Me ayuda lo que estoy haciendo a desarrollarme? ¿Ayudo a otras personas a desarrollarse o a reducir su sufrimiento y caos (confusión)? Especialmente en nuestro mundo actual, lleno de cosas impredecibles y acciones que ocurren en la mente de las personas, ya sea que estén en el escenario mundial o en un campo de refugiados, la necesidad y el sufrimiento entre las personas es grande. Podemos ofrecerles nuestro oído. Y podemos ofrecerles esperanza, luz y amor. Así crecemos.

Y desarrollarse también implica, además de dar y ser agradecido, perdonar. A lo largo de la vida, nos enfrentamos a muchas cosas injustas. Y nosotros mismos enfrentamos a otras personas, primero a nuestros padres cuando somos niños y adolescentes, con muchas palabras, afirmaciones o acusaciones desagradables, y después, naturalmente, a otras personas en nuestro entorno.

Podemos perdonarnos esos pensamientos, palabras y acusaciones negativas hacia nosotros mismos, y perdonar a los demás por sus acciones hacia nosotros. Esta herramienta del perdón es una de las más importantes en el camino hacia la felicidad. Perdono al perpetrador que hizo esto o aquello a mí o a mis hijos. Y me perdono a mí mismo por lo que hice a otros.

Los seres humanos somos ambos: víctima y agresor. Pero hay otra posición: la del liberador, el salvador, el redentor. En la vida, pasamos de un papel a otro: de la víctima al agresor y luego al salvador.

Podemos intentar romper con esta relación a tres bandas y ver los roles desde la distancia. Tenemos que ser el héroe o la heroína - el narrador de historias - no la víctima de una historia. Sabemos que no somos nuestros genes. Solo un 10 % de lo que somos son nuestros genes.

Si nos consideramos invitados en este planeta y nos desidentificamos de nosotros mismos, si observamos todo el teatro desde la distancia y adoptamos una perspectiva diferente, nos volvemos tranquilos y felices y encontramos paz para el alma.

Mi misión es hacerle feliz, querido lector, traerle alegría, amor, felicidad y ligereza, y aliviarle la carga del equipaje.

Sumérjase en esta nueva energía. Se experimentará a sí mismo y al mundo que lo rodea con otros ojos.

*Happiness y el camino hacia ella*

# 1. Capítulo: ¿Qué es la Felicidad?

Ser feliz, la alegría, la risa forman parte del programa básico de nuestro ser humano. Los niños son automáticamente felices. Porque no conocen el miedo. Porque aún no han tenido experiencias negativas en la vida (pérdida de trabajo, pérdida de dinero, pérdida de pareja, bancarrota, fraude, corrupción, etc.).

Son despreocupados y aventureros. Se entregan a la aventura de la vida. Quieren descubrir y experimentar – sus propios límites y los de los demás. Tienen confianza. Quieren jugar y divertirse. Quieren sorprender y ser sorprendidos. Quieren alegrarse. Curiosidad, ligereza y ganas de vivir brotan de sus ojos.

¿Y nosotros, los adultos, qué queremos? También queremos vivir aventuras, probar nuestros límites; divertirnos; jugar – con el dinero, la vida y el "fuego". Nos quemamos y volvemos a empezar. Si realmente dolía, dejamos de hacerlo.

Así que los adultos también queremos hacer nuestras experiencias, como los niños. Pero en un nivel de conciencia diferente. Y ya hemos tenido algunas experiencias negativas. El resultado de todo ello es menos risa, menos despreocupación y menos saltar a la vida que los niños. Y, por lo tanto, menos felicidad que los niños.

Pero queremos intentar volver a conseguir eso – revitalizar – encontrarnos con nuestro niño interior de nuevo. Mirar la vida con ojos de niño, volverse juguetones, recibir alegría, abrir nuestros sentidos y empezar a reírnos a carcajadas.

¿Qué tiene que pasar para recuperar esta despreocupación y alegría infantil, esta confianza divina? Se trata de una nueva visión de la vida. Experimentamos una nueva ligereza. La alegría de vivir se expande. Comienza una nueva vida.

> *"Si te atreves a algo, crece tu valor.*
> *Si dudas, crece tu miedo".*
> Mahatma Gandhi

Pero primero la pregunta: ¿Qué es la verdadera felicidad? Es la conexión de mi mente con mi corazón y mi alma. Todo está en armonía interconectada. Ninguno quiere ser más valioso que el otro – ni la mente (y con ello posiblemente el ego), ni el corazón, ni el alma. El alma es lo más importante en este trío – esta conexión. Porque el alma ya está integrada en nosotros antes del nacimiento. Es la base de nuestro ser. Ella marca el tono.

Creemos que nuestra mente marca el tono. No, no es así. El alma dice cuál es nuestro camino – aunque el camino sea pedregoso, sinuoso y quizás no sea ético ni moral. También ese camino quiere experimentarlo el alma. Y así recorremos ese camino – se nos permite recorrerlo para que el alma pueda vivir esa experiencia.

¿Y qué papel juega el corazón en este trío? El corazón es el puente entre la mente y el alma. El corazón dice qué es correcto e incorrecto. El corazón es la medida – la brújula. Si mi corazón es puro y brilla y se siente bien, entonces mi mente y mi alma están en armonía. Los tres se sienten bien. Y entonces estoy en la felicidad. Y entonces estoy en salud mental, emocional y espiritual.

Pero no puedo ser eso a una edad temprana, porque – antes de alcanzar ese estado de felicidad interior – tengo que pasar por las experiencias que mi alma quiere vivir. La mente juega todos los juegos. Porque en los seres humanos existe la polaridad: el bien y el mal, la positividad y la negatividad. En las acciones negativas simplemente se apaga el corazón. Las positivas le parecen fantásticas al corazón y se alegra.
Se puede añadir que el trío está conectado con el gran alma – la energía cósmica – lo cual es otra razón para nuestro sentimiento de felicidad. Nos sentimos guiados, comprendidos y protegidos.

La felicidad es, pues, un sentimiento. Nos sentimos ligeros, animados, felices, despreocupados. Podemos arrancar árboles. Nuestro nivel de endorfinas (nuestros sentimientos de alegría) sube al máximo.

*"El mayor atractivo que existe es el mundo en ti. Míralo".*
Kurt Tucholsky

Pero siento que muchas personas en el mundo no son felices – tanto pobres como ricas. La diferencia entre el pobre y el rico es el dinero. Los pobres pueden incluso ser más felices que los ricos. Porque este sentimiento está en sus corazones y emanan alegría y felicidad. Sus ojos son el espejo de su alma. Viven en el "ahora" y no en el ayer o en el mañana.

El pobre no quiere "siempre más", como ocurre con muchos ricos. Sin embargo, el pobre necesita lo mismo que el rico: un techo sobre la cabeza, comida y bebida, así como educación y salud.

Los ricos creen ser felices porque pueden permitirse muchas cosas. Pero la riqueza y las posesiones también pueden ser una carga. Hay que cuidarlas, multiplicarlas y controlarlas. Y algunos tienen miedo de perderlas y se preocupan. Y luego la pregunta al final de la vida: ¿A quién heredaremos nuestra riqueza? ¿Nuestros hijos y nietos la administrarán bien? He vivido con ricos. Conozco sus preocupaciones, miedos y pensamientos.

Curt Engelhorn, ex patriarca de la industria farmacéutica en Alemania (Boehringer Mannheim), dijo en vida: "Toda mi vida he estado en busca de calor y reconocimiento. En gran parte de mi vida he fracasado". Es un niño abandonado, traumatizado por el divorcio de sus padres. Y se convierte en el padre de niños abandonados, traumatizados por sus historias de mujeres. Pertenecía al mundo del gran dinero. Pero estaba solo y era pobre.

Y así les pasa a muchos. Pero pocos abren su corazón y dicen lo que sienten. Los hombres poderosos y exitosos a menudo están endurecidos. Tienen un carácter fuerte que muestran hacia afuera, pero el alma se marchita. Funciona mientras la vida exterior funcione. Luego sigue un vacío desesperado.
Aristóteles Onassis: "Un hombre rico a menudo no es más que un hombre pobre con mucho dinero".
Paul Getty: "Tener dinero no libera de las preocupaciones del dinero".

En octubre de 2024 tuve el privilegio de ser invitado a un evento internacional en la India (Monte Abu/Rajasthan). Es un centro de retiro espiritual. Se trataba de autoconocimiento y, por tanto, de conciencia del cuerpo, la mente y el alma.

En este retiro pude volver a adentrarme profundamente en mí mismo – escuchar y sentir, fortalecer mi interior, para difundir mi felicidad en el mundo en el futuro. Los mensajes recibidos, así como mis conversaciones con los muchos participantes durante la semana del retiro, fueron tan inspiradores, curativos e iluminadores que cada vez me resulta más fácil aceptar mi papel (en el mundo) y seguir adelante.

Tuve la oportunidad de conocer 70 personas de diferentes países – de Sudáfrica, Kenia, Ghana, Mauricio, Seychelles, India, Japón, Indonesia, Malasia, Vietnam, Dubái, Bosnia, Inglaterra, Suiza, Italia, España, Brasil, Trinidad, Canadá y EE.UU.

Pregunté a cada participante su opinión sobre cómo perciben el sentimiento de felicidad de la población en su país específico. Las respuestas fueron muy similares: la gente está enfocada en lo material. Muchos están, por lo tanto, estresados. Parecen felices por fuera. Pero solo es una apariencia – no un ser.

Ya durante el trayecto en taxi de 4 horas de Ahmedabad a Monte Abu, que compartí con una joven periodista de Dubái, hablamos de la felicidad en Dubái. Por supuesto que la gente allí es feliz, dijo, porque solo ven lo material. No conocen la conexión con la naturaleza y la espiritualidad. La misma respuesta la recibí poco antes de Arabia Saudita, en una feria inmobiliaria en Múnich/Alemania.

Debido a nuestro mundo material, el verdadero sentimiento profundo de alegría y felicidad se ha perdido. Pero muchos anhelan eso. Eso significa que todos nosotros, los que tenemos este sentimiento profundo en nosotros, estamos llamados a llevarlo al mundo y hacer felices a las personas desde el corazón, a llevar luz y alegría.

Con respecto a mi pregunta sobre la felicidad, quiero mencionar Japón. La respuesta proviene de una profesora universitaria de Hiroshima, la Dra. Fuyuko Takita. Sobre la felicidad, me habló de los tres niveles en Japón:
"**Japón antiguo**: Debido a la antigua religión nacional japonesa, el sintoísmo, la gente alcanzaba una mayor verdadera felicidad interior, ya que los principios fundamentales del sintoísmo son

la importancia de la pureza, la armonía y el respeto por la naturaleza. Los antiguos japoneses estaban más conectados con lo divino y, por lo tanto, eran más felices en el sentido más puro de la palabra.

**Japón moderno**: Como Japón se modernizó como el mundo occidental, la economía japonesa floreció. Y la gente en Japón comenzó a ser muy rica en el aspecto material. Mientras disfrutaban de la abundancia material, los japoneses, especialmente las generaciones jóvenes, empezaron a vivir una mayor separación del mundo espiritual. Igual que en el mundo occidental: con la creciente satisfacción material y la autosuficiencia, muchos japoneses empezaron a enfocarse en la competencia y la presión por el éxito. Esto llevó aún más vacío en su interior. Y comenzaron a sufrir ansiedad y depresión.

**Falta de espiritualidad y más individualismo**: Japón es considerado un país budista, sin embargo, muy pocos practican el budismo y muchas personas no tienen conexión con lo divino y no aprenden sobre la espiritualidad en este país. Muchas de las generaciones jóvenes se individualizan cada vez más y se separan más de la sociedad y la comunidad. Dado que muchos no tienen la sabiduría de la identidad espiritual "¿Quién soy yo?", muchas personas en este país llevan máscaras y tratan de complacer a los demás y no viven su vida según su verdadero propósito. Debido a esta falta de sabiduría espiritual, muchos han perdido el propósito de la vida – un concepto extremadamente interesante de la felicidad en Japón."

Quiero añadir que en Japón se muestran pocos sentimientos. Son reprimidos. Se trata de evitar las emociones – especialmente las negativas – y mantener la cara. A este respecto, un ejemplo: una empresa muy grande había construido un nuevo edificio de oficinas – con sala de fitness, sala de relajación, etc., así como una habitación que estaba completamente separada y equipada con paredes gruesas. Estaba destinada a que los empleados liberaran sus agresiones acumuladas, su ira, etc. en esa habitación. Sin embargo, resultó que ningún empleado la utilizó.

Eso significa: los japoneses se aferran a sus emociones y no las dejan salir. Esto tiene que ver con la cultura – respeto hacia los mayores y no mostrar verdaderos sentimientos honestos.
¿Puede una persona ser feliz sin expresar sus verdaderos sentimientos? ¿Y no es importante el sentimiento de conexión con algo más grande para sentirse feliz?

La situación emocional es muy diferente en los países del suroeste del mundo – en España, Italia y América Latina. Allí se muestran los sentimientos. Pero ¿son más felices por ello? No necesariamente, a menos que estén conectados a una fuente, como se escribió en la introducción.
Christina Carvalho-Pinto, productora de cine de São Paulo e internacionalmente galardonada en el ámbito de los medios transformativos, que combinan creatividad y conciencia, la encontré por tercera vez en el retiro en Monte Abu. Ella escribe:

"Brasil es un crisol gigantesco de pueblos y culturas de todas partes del mundo: desde nuestros pueblos indígenas hasta alemanes y japoneses, desde africanos hasta chinos, desde italianos hasta portugueses, desde españoles hasta franceses y holandeses y muchos otros.

El resultado de esta fascinante mezcla es un alma brasileña con características únicas. La alegría, la flexibilidad, el calor humano, la creatividad y la resistencia viven de forma tangible y original en nosotros.

¿Somos felices? Las investigaciones más recientes muestran que el 83% de los brasileños dice: "Sí, soy feliz". Por otro lado: ¿Cuán profunda es esta respuesta en un país, en un mundo tan lleno de sombras?

Sí, nuestra naturaleza brasileña es alegría y felicidad, pero en las empresas la gente sufre de agotamiento, depresión y otros trastornos mentales en todos los niveles jerárquicos. La depresión, la ansiedad y el suicidio están aumentando inesperadamente entre niños y jóvenes.

En todo el mundo, los tomadores de decisiones más poderosos han (y están) ignorado todas las advertencias sobre el cambio climático, y así vivimos ahora en la era del cambio climático.

Sin embargo, soy feliz y sé que tú también, Rafael, eres feliz. Nosotros – y tantos otros – consideramos esta época como una gran oportunidad para difundir la felicidad. No es un síntoma de alienación. Es un recuerdo puro de dónde venimos y a quién pertenecemos. La conciencia del alma nos lleva a sentir y compartir lo que la gente más necesita: amor y paz, el verdadero camino hacia la felicidad."

Por supuesto, no debemos generalizar a toda la población de cada país. Naturalmente, hay excepciones que están profundamente en su estado interior, es decir, en un nivel de conciencia superior. Por un lado, tuvimos en nuestro retiro a un monje de Durban/Sudáfrica, que ha desarrollado un profundo conocimiento interior durante muchos años y está muy satisfecho consigo mismo y con el mundo que lo rodea.

Por otro lado, una periodista muy sabia y experimentada me llamó la atención en el retiro sobre un ejemplo en Nepal: Matthieu Ricard. Es un monje budista, escritor y fotógrafo, conocido por su felicidad. Abandonó su carrera científica para practicar el budismo tibetano. Vive en el Himalaya.
No necesitamos ir tan lejos ni tan alto para ser felices. Es suficiente transformar nuestro interior. Es el momento adecuado para ello.

"La felicidad" no es solo una palabra, sino que es un nuevo movimiento en el mundo – un mundo tan lleno de preocupaciones, miedos, sufrimiento y tristeza. El mundo, es decir, la gente necesita felicidad, confianza y la visión de un mundo nuevo y más hermoso – lleno de paz, profunda comprensión, así como introspección y conciencia.

¿Qué es la felicidad? La felicidad es la conexión con la naturaleza, la conexión amorosa con otras personas, la conexión de uno mismo con una instancia superior. También la conversación con el director del Global Hospital en Monte Abu lo confirmó. Si vemos la vida – nuestra vida – con otros ojos y con profunda comprensión, nos sentimos felices – incluso si la vida termina.

¿Qué se necesita para alcanzar la felicidad? La meditación – es decir, sumergirse en nuestro ser más íntimo y recibir mensajes, comprensiones, orientaciones y soluciones a los temas de nuestra vida.
Además, debemos expresar nuestros sentimientos y no retenerlos ni esconderlos. Así nos liberamos de nuestro corsé interior.

Y debemos acercarnos a otras personas y establecer contacto con ellas, y en el futuro fundar una comunidad. La gente en muchos países subdesarrollados es algo más feliz porque tienen un círculo de conocidos entre ellos y están en estrecho contacto. Esto es menos frecuente en los países altamente desarrollados. Para eso existen hoy en día las redes sociales, pero no sustituyen una conexión personal y emocional entre las personas.

Y podemos dirigir nuestros pensamientos en una dirección positiva. Siembra pensamientos positivos en la semilla. Deja que la semilla crezca. Entonces surgirá lo positivo.

## 2. Capítulo: Pensamientos sobre la Alegría, la Risa y la Ligereza

Qué bonito es ver y observar a personas alegres. Son serenas, relajadas y flotan con ligereza a lo largo del día. Mi corazón se alegra cada vez.

La alegría es una perspectiva fundamental sobre el mundo, sobre nosotros mismos y los demás, sobre la vida y la muerte. Se trata de nuestra actitud hacia la vida.

La alegría no niega la seriedad del mundo. La acepta y la transforma. "El humor es simplemente una manera cómica de ser serio", dijo una vez Peter Ustinov.

Y Sigmund Freud: "En la vida hay desvíos en los que uno puede decidir no tomar la ruta de la preocupación, sino la de la risa, o mejor: la de la sonrisa. Tomar la decisión correcta, optar por no sufrir la vida, es un gran logro."

**El humor es la capacidad de liberarse de los traumas que se experimentaron de niño a causa de los padres**. Uno se mira a sí mismo desde una posición elevada y sonríe con cariño sobre sí mismo, sobre sus propias tonterías, fallos y acciones. Porque la presión dominante e intimidante del padre fue un trauma para el niño. Por estas y otras razones, muchas personas han perdido la alegría y la sonrisa. Es casi como un talento recuperar esta nueva forma de ver el mundo y a uno mismo.

Nuestro pensamiento está centrado en la propiedad y el consumo. Solo cuando nos despedimos de la fijación en la propiedad y dejamos de tener miedo a perderla, y adoptamos una nueva visión de la vida, podría surgir un poco más de alegría. Pero en nuestro interior aún está el mensaje de nuestros padres y de la sociedad: Sé trabajador y produce mucho. El mensaje nunca fue: Sé alegre.

La alegría no se puede tomar como una pastilla ni pedir en Amazon, ni reservar como un seminario. Y no basta con leer un libro de autoayuda.

En la filosofía antigua existe el término "eudaimonia", que se traduce como felicidad, lo cual no es correcto. Todas las discusiones entre los filósofos antiguos giraban en torno al camino hacia la "eudaimonia". Un papel importante en el camino hacia ella lo jugaba la tranquilidad del alma. ¿Debía uno dedicarse al trabajo, al placer o a la modestia? Seneca decía: "Reducir las expectativas sobre la propia vida; no aferrarse a la vida. Es mejor reírse de la vida que llorarla. Así que nada de autoexigencia, estar libre de expectativas, ser indulgente con los demás y con uno mismo."

¿Cómo podemos lograr ser alegres en la vida real, generar ligereza en nosotros mismos? Respuesta: No siempre tenemos que reírnos. Pero podemos sonreír y practicar la amabilidad cotidiana, podemos escuchar a los demás. Y podemos ofrecer a los demás nuestro interés, curiosidad, atención, benevolencia, consuelo. Y así ver la vida por lo que también es: un juego.

Lo importante son la sonrisa, la amabilidad, aceptar las cosas, la transformación, la ligereza, la bondad y la ecuanimidad.

**A continuación, algunos pensamientos sobre la felicidad:**

1. La vida consiste en alegría y felicidad. Pero, ¿conducen el trabajo y el dinero a la felicidad? ¡No!
Desde hace 2.000 años, los padres y la sociedad nos dicen que debemos aprender y estudiar para tener un empleo y ganarnos la vida.
Desde hace 2.000 años, la iglesia y todas las religiones nos enseñan a trabajar para estar satisfechos. Pero nadie nos ha dicho cómo ser felices en la vida.
Aprender en la escuela, estudiar en la universidad y trabajar en un empleo no nos hace felices. Y ganar dinero tampoco nos hace felices.
¿Qué nos hace felices? La respuesta está aquí, en el corazón.
Es hora de cambiar nuestra conciencia y nuestras convicciones y entrar en la felicidad, en la vida, en el trabajo y con el dinero.

2. Estamos en la Tierra para tener experiencias; nuestra alma quiere tener experiencias buenas y no tan buenas. No estamos en la Tierra para aferrarnos al dinero y al ego. Podemos dejar ir este apego ahora y entrar en la alegría.
Y la alegría proviene de una fuente que está muy dentro de nosotros. Estamos conectados con una fuente que siempre está ahí y que nos nutre. Sintamos esa fuente.

Si ya no tenemos nada en la vida (todo lo material nos es arrebatado), queda algo mucho más valioso que todo lo material. Es nuestra conexión con la fuente. Y eso nos lleva a la alegría. Algunas personas en países más pobres llevan esta sabiduría dentro. En sus rostros se puede ver amor y alegría.

3. ¿Podemos comprar la verdadera felicidad y alegría con dinero? ¿Podemos comprar protección contra el cáncer o la demencia con dinero? ¿Podemos llevarnos el dinero al morir? La respuesta es: ¡No!
Por lo tanto, debemos repensar nuestro enfoque en el dinero. Nuestro apego a lo material ya no es contemporáneo. Y la creencia de que "el dinero da felicidad" mucho menos.
Debemos encontrar la alegría, la ligereza y la despreocupación en nuestro interior y no en el exterior.

4. Cuando estamos en la alegría y la felicidad (y no en el miedo), todas nuestras acciones negativas del pasado se curan, especialmente nuestras células del cuerpo, que quizá estén afectadas por células cancerígenas. Las células negativas se rechazan y crecen nuevas células positivas.
La alegría es la mayor fuerza transformadora. Lo cura todo.

5. El miedo es el mayor obstáculo en la actualidad y, al mismo tiempo, un desafío para cada uno de nosotros. Nuestros pensamientos giran constantemente en torno al miedo: miedo a perder el trabajo o el estatus social, miedo al fracaso o a la pérdida financiera. Debemos sustituir el miedo por el amor.

Cuando estamos en la alegría, lo cual es sinónimo de amor, ya no tenemos miedo.

6. Muchas personas se preocupan por diferentes cosas. Estos pensamientos llenos de preocupación determinan nuestros sentimientos. A través de una nueva perspectiva, una nueva forma de ver las cosas, podemos liberarnos de esos pensamientos. ¡La transformación ocurre!
Debemos prestar atención a nuestros pensamientos: tener solo pensamientos positivos, entre otras cosas, evitando las noticias, los medios de comunicación, el estrés, las adicciones, el ego, y disfrutando de pequeñas cosas como el sol, la naturaleza, la sonrisa de otras personas, el amor de nuestros hijos.

7. Para liberarnos del miedo y las preocupaciones, es útil despedirnos del pasado. Podemos dejar atrás los viejos pensamientos y emociones. Nos retienen e impiden que alcancemos nuestra energía y fuerza. Solo cuando dejamos ir el pasado, se abre un nuevo futuro.
Tienes el valor de dejar los caminos habituales y tomar nuevas rutas: ser pionero y precursor. Elévate a una nueva frecuencia: hacia una nueva ligereza y alegría.

8. Hoy podemos ver la vida y todo lo que nos rodea como un todo. Porque todo está conectado con todo. Y por eso hoy podemos dar gracias.

Podemos dar gracias por todas las experiencias negativas en nuestra vida. Porque queríamos vivir esas experiencias. Ahora las hemos vivido. Y con eso, el capítulo está cerrado.

Puede comenzar un nuevo capítulo: una nueva forma de ver las cosas, un nuevo comienzo de vida, el inicio de un nuevo mundo. ¡Bienvenido!

Y podemos dar gracias por todas las experiencias positivas que nuestra alma quería vivir. ¡Qué alegría! ¡Qué riqueza!

9. Hoy podemos hacer las paces con nosotros mismos, nuestros padres y nuestros antepasados. Podemos perdonar y reconciliarnos con ellos.

Llevamos muchas heridas dentro de nosotros, heridas que provienen de nuestra familia, de nuestros antepasados y de nuestra infancia.

Podemos entender que nuestros padres y abuelos también sufrieron esas heridas. Y pase lo que pase en nuestra infancia, nuestros padres y abuelos también sufrieron destinos. Y llevamos eso en nuestro sistema. Ahora pueden ser sanadas.

10. Hoy podemos entrar en la confianza. El mundo y las personas carecen de confianza. No tengas miedo. Hay algo más grande que nos guía. Con nuestra pequeña mente no podemos percibir lo más grande. Pero está ahí. Estamos conectados con algo superior. Existe una conexión.

Y por eso podemos tener confianza y no tener miedo. Cuando estamos en la confianza, también podemos dejar ir. Solo quien tiene miedo se aferra y no deja ir.

11. El mundo está ahora en una encrucijada y el ser humano ante una decisión. Tiene la libertad de decidir si tomar un camino u otro.

Un camino es aferrarse a lo antiguo: el dinero, el trabajo, lo material, y con ello el miedo a perder lo viejo; y es la lucha.

O decide ir hacia el nuevo mundo, sin miedo, sin lucha, sin aferrarse, simplemente viviendo el presente y confiando en el mañana, estando en la alegría, la ligereza y la felicidad, y viendo el nuevo mundo con el ojo interior.

El viejo mundo no lleva a ninguna parte. El nuevo mundo lleva a la elevación del ser humano y la Tierra, a la sanación y a la paz.

12. El afán de "siempre más" no lleva a la alegría ni a la salud. No debemos vincular nuestra felicidad y alegría a cosas externas, sino buscarlas y encontrarlas dentro de nosotros.

Una nueva mirada a nosotros mismos y a nuestra vida, nuestra relación con los demás, la naturaleza y los recursos, nos transforma a nosotros y al mundo.

Y de eso se trata: Todos queremos crear un mundo mejor para nosotros, nuestros hijos y nietos. ¿Cómo llegamos allí? Primero debe ocurrir algo en nuestro interior. Debemos trabajar en nosotros mismos. El cambio comienza dentro de nosotros: más corazón, amor, humanidad.

13. Cuando estamos en la alegría y la felicidad, nuestras relaciones con los agresores, enemigos y la familia se sanan. Entonces los vemos como amigos y realizamos proyectos conjuntos que llevan a la alegría.

Es un círculo: cuando estamos en la alegría, la alegría vuelve a nosotros. Y podemos inspirar a otras personas a cambiar y entrar en la alegría.

14. Imagina una situación en la que fuiste increíblemente feliz. Recuerda una situación, por ejemplo, cuando eras niño y jugabas en la playa. El sol brilla, las olas salpican. Hay otros niños. Tienen cubos, palas, tamices y otros juguetes. Te acercas. Juegan juntos, construyen un castillo y usan los juguetes.
Por la noche te vas a casa con tus padres. Fue un día hermoso y feliz. ¿Querías llevarte los juguetes? ¡No! Estaban ahí para ser usados, ¡por todos!
No necesitamos complacer a nuestro ego mediante la propiedad.

15. Imagina una nueva situación en la que fuiste feliz, quizás como adolescente o adulto. Estabas enamorado. ¿Qué hicieron los sentimientos de felicidad contigo? ¿Jugaron un papel las cosas materiales en ese momento? ¿O tu educación, tu trabajo, tu coche, tu propia casa? ¿Eras feliz? ¿Por qué? ¿Por estar enamorado o por poseer cosas materiales?

16. ¿Qué necesitas para ser feliz? ¿Un coche *(que solo está ahí para ser usado, para ir de un lugar a otro? No es un objeto que haga feliz a una persona, ni siquiera un Ferrari)*.
¿Qué necesitas para dormir bien? ¡Necesito tranquilidad!
¿Necesitas un apartamento propio para eso?

¿Necesitas una cocina lujosa para preparar comida buena y saludable?
Necesito gente a mi alrededor. Entonces soy feliz.
¿Necesito una casa grande para eso? ¡No!
Necesito belleza. Y la encuentro, por ejemplo, viajando en tren, observando el paisaje con los prados verdes, las flores amarillas, las montañas, los lagos, y conversando con compañeros de viaje amables.

17. ¿Necesito poseer todo: coche, casa, caballo de carreras, yate a motor/vela, casa de vacaciones, para ser feliz? ¡No!
De todos modos, no puedo llevarme las cosas cuando dejo la Tierra.
Necesito algunas de estas cosas para vivir. Las necesito para usarlas, ¿pero también para poseerlas? ¿Soy más feliz si las poseo?
Tal vez "sí", porque desde la infancia está el sentimiento de que solo si poseo cosas puedo sentirme bien. ¡Ese es un problema psicológico!

18. Cuando estamos en la alegría y la felicidad, también crece el dinero. Porque nuestras acciones negativas pasadas con el dinero se eliminan. Y el nuevo dinero llega a nosotros.
Y luego lo invertimos en cosas que sirven a nuestro corazón y al mundo, no solo para obtener una ganancia monetaria, sino principalmente una ganancia inmaterial: alegría, alegría al ver cómo crece la inversión, ya sea en el campo o en las personas.

19. Hemos escuchado: *cuando estamos en la alegría, también crece el dinero. Aquí una metáfora:*

Si plantamos un árbol, comenzamos un nuevo proyecto, encontramos un nuevo amor, etc., y ponemos mucho corazón, amor y espíritu en la raíz/tierra, entonces el árbol, la planta, el proyecto, la inversión, el dinero crecen y florecen. **Porque con nuestra conciencia superior crece todo en lo que la aplicamos.**

El rendimiento es integral: no solo material, sino también inmaterial: alegría de vivir, salud, felicidad, entusiasmo, ligereza, sentido de la vida.

20. ¿Qué tienen que ver el dinero y la ligereza? ¡Nada! Solo si vemos el dinero de otra manera, entonces la ligereza entra en juego. Pero los humanos vemos el dinero como "pesado". Y es frío. No se siente cálido. Pero si reímos y nos alegramos, también se alegra el dinero.

Si queremos entrar en la ligereza, podemos ver el dinero con alegría. Entonces viene a nosotros con ligereza y felicidad. Porque le damos valor al dinero.

El dinero quiere ser "visto" y "atendido", es decir, ser percibido como energía. Luego regresa a nosotros, incluso multiplicado.

21. Lo más importante en la vida: salud mental y satisfacción. La satisfacción es la base de la salud mental, emocional y espiritual. Cuando estamos satisfechos en el interior, no necesitamos acumular tantas posesiones externas.

¿Cómo logramos la satisfacción?

Se trata de la integración
de valores internos y externos,
del interior y el exterior,
de lo material y lo espiritual,
de la energía masculina y femenina,
del individuo y la sociedad,
del hemisferio izquierdo y derecho del cerebro.

Así se alcanza el equilibrio (Yin/Yang). Y así se crea la armonía, dentro de las personas y entre las personas. Se logra la armonía. A través de la integración, las personas alcanzan una conciencia superior. El resultado de nuestro cambio y nuestra nueva visión es: **felicidad, alegría, sentido, satisfacción y, por lo tanto, salud.**

22. Conclusión: La fuente de la salud y la curación está en nosotros. Esta fuente, y por lo tanto la felicidad, la experimentamos a través del conocimiento de nosotros mismos y el enfoque en nuestra riqueza interior en lugar de la exterior. Este nuevo espíritu y un comportamiento de vida saludable conducen a la felicidad.
Cuando integramos la luz (= la frecuencia más alta), el amor y la ligereza en nuestra vida, creamos alegría, satisfacción interior y salud.

23. Para lograr un éxito en la salud mental y espiritual, se necesita un cambio profundo en la forma de pensar de la humanidad. Debemos aprender a vivir de manera saludable, entre otras cosas:

- no buscar "más" (más consumo, más ganancias...)
- no aferrarse al ego y los valores materiales
- no al teléfono móvil (noticias) ni otras adicciones
- no al estrés (en la familia, en el trabajo, en el tren/coche)
- no a una mala alimentación (sal, azúcar, comida rápida)
- mucha actividad física en la naturaleza
- mucho sueño
- buenos pensamientos positivos
- meditación todos los días
- sonreír constantemente.

24. ¿Cómo llegué a la alegría y la felicidad? ¿Cómo alcancé la felicidad interior? Dejando atrás el ego, lo material y la búsqueda de reconocimiento, así como el éxito externo; a través de la gratitud por lo vivido; a través del perdón; meditando; llevando un estilo de vida saludable, etc.

No hay una receta. Hay que experimentarlo y sentirlo.
"No hay un camino hacia la felicidad.
Porque la FELICIDAD es el camino."

# 3. Capítulo: Descubre el Poder dentro de ti

Viniste al mundo para ayudar a elevarnos a todos a una conciencia superior. Para ello, es importante entrar en silencio y hacer el trabajo interior.

No se trata tanto de dar grandes pasos hacia afuera en este momento. Sino de atravesar primero los procesos internos. Y aquí se trata de entrar por completo en tu propio poder. Independientemente de lo que esté sucediendo en el exterior.

Libérate de todo aquello que te impide estar en tu poder.
- ¿Dónde aún tienes limitaciones?
- ¿Dónde todavía tienes creencias que te hacen sentir pequeño?
- ¿Quiénes son esas personas que aún dependen de ti y te impiden entrar realmente en tu poder?
- ¿Qué patrones de comportamiento tienes que ya no son coherentes y que ya no te hacen bien (ver demasiadas noticias negativas, mala alimentación, malos hábitos de vida)?

La vida te está mostrando claramente en este momento hacia dónde debes moverte. Los viejos caminos ya no funcionan. Así que ábrete ahora a la nueva energía que quiere entrar en este mundo a través de ti.

Tu pura energía del alma, tu fuerza primigenia - la fuerza que puede transformar todo - está dentro de ti. Solo que has cerrado las puertas hacia ella. Ahora es el momento de abrir esas puertas y volver realmente a tu propia fuerza. Independientemente de lo que ocurra afuera. Y completamente al margen de lo que hagan o no hagan otras personas en tu entorno.

Se trata de ti. De tu camino. De tu poder. Ten el valor de caminar nuevos caminos. Caminos que quizás nadie antes haya recorrido. ¡Pero que ahora deben ser recorridos!

(Texto de Henrike Pelaez)

Las señales son cada vez más claras de que estamos en un momento de cambio. ¿Qué ya no necesitas más en tu vida (quizás viejos patrones de pensamiento, emociones negativas que debes soltar; personas que ya no te hacen bien; situaciones de vida que necesitan cambiar) y qué deseas invitar (quizás más alegría, personas con campos vibracionales positivos, nuevos proyectos que te ayuden a ti y al mundo)? Reflexiona sobre esto.

Ahora más que nunca, se requiere un cambio de mentalidad. Es momento de soltar viejas heridas y despertar a tu ser auténtico. Pregúntate: ¿quién soy realmente? ¿Quién era antes de que el mundo (padres/sociedad) comenzara a "programarme", antes de que cambiara para complacer a mis padres y la sociedad? ¿Cómo es mi "yo auténtico"?

Cada cambio comienza en nosotros. Te invito a salir de tu zona de confort junto a mí. A dejar atrás viejos patrones de pensamiento y emoción. Y sobre todo, para esto: dejar ir tu pasado. No lo bueno. Pero sí aquello que te retiene, para estar en TU poder y completamente auténtico en TU energía. Solo cuando dejamos atrás el pasado, puede abrirse ante nosotros un futuro completamente nuevo. Y lo necesitamos con urgencia en este mundo. Salir de viejos patrones (de reacción), y entrar en una nueva ligereza y alegría. Y para esto se necesita valentía. Valentía para dejar caminos conocidos y caminar nuevos caminos. Ser pionero y precursor. Sintonizarte con una nueva frecuencia, crear nuevas perspectivas y permitirte estar cada día más en tu fuerza esencial.

Juntos podemos dejar atrás el pasado y crear un nuevo futuro para todos nosotros. Todo comienza siempre con la conciencia de querer cambiar algo en la vida. Saber lo que queremos soltar y lo que queremos invitar en su lugar. Por eso, tómate un momento para responder tranquilamente las preguntas anteriores.

Luego, se toma una poderosa intención interior que sirva para reorientarse. Por ejemplo: "Tengo la intención de despedirme de mis miedos y limitaciones este año, para activar mis potenciales y experimentar una libertad recién adquirida. Para ello, quiero rodearme más de personas positivas que me inspiren y me ayuden a estar en mi poder".

Y ahora viene la parte más importante: el "trabajo" interno diario. Sí, debemos hacer algo todos los días para que los cambios positivos puedan suceder. Lo que hagas depende en gran medida de tu intención. Dado que cada cambio comienza por dentro, lo ideal sería mirar hacia adentro: ¿qué puedo hacer para estar en buenas energías? ¿Qué me ayuda a entrar en mi poder? Y aquí hay infinitas posibilidades: paseos, cantar mantras, meditar, ayunar de noticias y medios de comunicación, asistir a seminarios para inspirarse, escuchar música sanadora, reír, bailar, cantar...

Creo en un nuevo mundo. Creo que ahora es el momento adecuado para dejar atrás lo viejo y finalmente volver a nuestra fuerza esencial. Y cuantos más tengan el valor de seguir este camino, de liberarse de viejos patrones de pensamiento y emoción, de dejar el pasado atrás para descubrir quiénes son realmente y qué más hay en ellos, más rápidamente se verá un cambio positivo en este mundo.

(Texto de Henrike Pelaez)

Todos llevamos una hermosa frecuencia del alma dentro de nosotros. Pero nos hemos enredado tanto en las complicaciones mundanas que hemos olvidado por completo lo que realmente somos.

Hoy en día está llegando tanta nueva luz al mundo, trayendo consigo posibilidades inimaginables. Nunca ha sido tan fácil como ahora dejar atrás todas las limitaciones. Se trata de alcanzar una nueva y, en realidad, una antigua frecuencia vibracional. No más mantener las viejas historias y conceptos como la verdad, sino tener el coraje de recorrer nuevos caminos. ¡Tus caminos!

Cuestiona todo lo que crees que es verdad, porque ahora puede perder su validez y puede aparecer una nueva y más alta verdad. ¡Vacía todo - solo así podrá llegar lo nuevo! Y luego mira lo que desde ese vacío puede salir al mundo a través de ti.

¿Cuántos conceptos, roles e identificaciones llevamos con nosotros que en realidad no nos pertenecen? En algún momento nos dijeron cómo deberíamos ser (para ser amados por nuestros padres o encajar en la sociedad / escuela) y cómo no deberíamos ser. Se nos prohibió hablar si éramos "demasiado directos" y se nos instó a "convertirnos en algo" (lo que nos sacó del sentimiento puro de ser suficiente).
Mi abuela siempre insistió en que fuera obediente, diplomática y arreglada. Pero en mi esencia era salvaje, juguetona y directa :)
¿Qué cualidades fueron las que reprimieron en ti?

¿Te atreves a ser fiel a tu verdad? ¿O tienes miedo de mostrarte? ¿Sabes siquiera cuál es tu verdad? ¿Quién eres y qué te define en tu esencia?
¿Qué roles (de mujer/hombre, madre/padre, empleado/a, etc.) has adoptado que realmente no corresponden a tu esencia? ¿Es todo lo que hemos aprendido, con lo que nos identificamos, realmente verdad?

¿Qué es lo que realmente deseas traer al mundo?
"Si haces algo que harías sin necesidad de recibir dinero y eso te llena, y lo haces tan bien que otros están dispuestos a pagar

por ello, eso es un indicio de que has encontrado tu misión de vida".

Qué es… esa respuesta solo está dentro de ti… y la encontrarás solo si te despojas de todo lo que no eres y te sumerges en el silencio.

Olvidémonos por un momento de todos esos roles, conceptos, ideas e identificaciones. Nada de eso es lo que realmente somos. Deja que eliminemos capa tras capa, muro tras muro (hemos construido muros de protección, muros del corazón, por las muchas heridas) y descubramos quiénes realmente somos. Completamente libres. Totalmente auténticos. Realmente genuinos. En este caso, sin consideración alguna. Porque este tipo de consideración solo lleva a seguir limitándote. Cuando encuentras tu núcleo verdadero, automáticamente tienes más amor. Más alegría. Más fuerza. Y más paz. Para ti y para los que te rodean.

Pero no dejes que otras personas que vibran de manera diferente te sigan reteniendo. No te retraigas ni minimices tu luz al estar con ellos. Es el momento de despertar. De recordar tus campos vibracionales elevados y de volver a ser auténticamente tú. De este modo, transformarás tu pequeño mundo, pero también el mundo en general.

El tiempo de los pequeños pasos ha terminado. Ten el valor de traer grandes cosas al mundo. Y aquí, el trabajo siempre comienza desde adentro: desmantelamos nuestras limitaciones y restricciones internas, y así se abren nuevos (y antiguos) espacios dentro de nosotros. Automáticamente, si estamos dispuestos a dejar ir los deseos del ego, el cambio podrá entrar en nuestras vidas, un cambio necesario no solo para nosotros, sino también para todos los demás.

Ten el valor de soltar tus limitaciones y deseos del ego, y luego observa todo lo que hay dentro de ti.

(Texto de Henrike Pelaez)

*"El valor no es la ausencia de miedo, sino su triunfo".*
Nelson Mandela

Tú solo tienes el poder, la experiencia, el amor y la habilidad para dominar tu vida. La fuerza está ahí. Reposa en tu interior y espera tu despertar. Siente esa fuerza en ti. Siente en tu corazón y en tu alma y deja que tu poder fluya desde dentro de ti. No sigas buscando fuera. Tú eres suficiente para ti mismo. Y encontrarás en ti todo lo que necesitas. Confía en tu propia fortaleza. Así encontrarás:

- Coraje
- Serenidad
- Compasión
- Paciencia
- Capacidad de persuasión
- Fuerza de voluntad.

Confía en que puedes lograrlo.

Y ábrete a tus sombras, no para eliminarlas, sino para mirarlas con amor y dominarlas suavemente. Transforma tus sombras en fuerza. Puedes transformarlas si las aceptas, las respetas y las abrazas con amor. Solo puede destruirnos aquello que rechazamos dentro de nosotros. Lo que amamos y aceptamos como parte nuestra, nos fortalece y protege.

# 4. Capítulo: Los Desafíos para ser Feliz

Todo el mundo quiere experimentar sentimientos de felicidad, satisfacción con la vida, alegría, ligereza, entusiasmo, humor, curiosidad, creatividad, espiritualidad y sabiduría.

La ciencia dice que el ser humano está compuesto en un 80 % de emociones. Y no siempre son positivas. Las emociones negativas, en general, tienen mala reputación. La ira puede llevar a cruzar límites, los celos pueden destruir relaciones, y nadie quiere estar constantemente rodeado de personas que irradian tristeza y pesadez. Estos sentimientos desafiantes suelen permanecer ocultos, ya que a muchas personas les cuesta hablar de ellos. Sin embargo, las emociones negativas pueden ser indicios importantes de nuestras necesidades.

Por lo tanto, debemos aprender a tomar conciencia de nuestras emociones y controlarlas. De lo contrario, jugarán con nosotros como en la ruleta o nos harán bailar un tango. Y también debemos aprender a hablar de nuestras emociones.

No pude hablar de mis emociones cuando era niño, ni tampoco cuando era adolescente. Fue solo después de llegar a América Latina y de vivir allí durante mucho tiempo, observando cómo la gente expresaba sus emociones de manera natural, que me abrí. Yo también comencé a mostrar mis emociones.

Más tarde, al regresar a Hamburgo, me hice consciente de mis emociones hacia mi familia. Las emociones reprimidas durante mi infancia y adolescencia fueron saliendo poco a poco. Surgieron situaciones en la familia y provocaciones que despertaron en mí ira, agresión, rencor y tristeza. Me menospreciaban, no me escuchaban, me excluían, me consideraban tonto—no astuto, codicioso o inmoral como mi familia.

O estaba enfadado con mis compañeros de trabajo o con mi familia porque me mentían. Así que ni antes ni después de mi tiempo en América Latina podía ser alegre y feliz. En el capítulo 6 escribo más sobre este tema.

Pero no solo la situación familiar, sino también en el trabajo y en la vida en general, a veces impedía mi felicidad. No se me reconoció monetariamente por mi desempeño sobresaliente en el banco. Fue una lucha de seis meses. Estaba irritado y agresivo, y no podía dormir durante noches enteras.

Muchas personas se encuentran con desafíos a la felicidad a lo largo de sus vidas. Uno de los obstáculos es la propia ambición. En la niñez y la adolescencia, la ambición ya puede estar en acción. En cualquier caso, se pone en marcha durante la formación y tras ingresar al mundo laboral. Las personas quieren lograr esto o aquello—un puesto más alto en la empresa, más salario, una vivienda, un coche, formar una familia, más vacaciones, etc.

Cuando los deseos no se cumplen, algunas personas se ponen inquietas, enfadadas, estresadas. Y entonces, la felicidad no puede ocupar un lugar prioritario.

Otro tema son las frustraciones, que también yo experimenté con frecuencia. ¿Por qué nos frustramos? Se trata de expectativas no cumplidas que nos frustran, como mis expectativas no satisfechas de acuerdos comerciales, de captar nuevos clientes, de ganancias bursátiles no alcanzadas, falta de éxito en el amor, etc.

**Conclusión**: Debemos desprendernos de las energías que no nos hacen bien. También podemos cuestionar y replantear las creencias que aprendimos cuando éramos niños. Muchos de los problemas y desafíos que enfrentamos en la edad adulta tienen su origen en la infancia—nuestra educación, experiencias y nuestros padres. Esto puede llegar hasta actos delictivos. Un niño que ha experimentado violencia doméstica, abuso sexual u otras experiencias traumáticas a manos de sus padres podría reproducirlas en la edad adulta.

Las enfermedades psicológicas en la niñez necesitan ser sanadas antes de que los niños se conviertan en perpetradores en la edad adulta. Y debemos hablar sobre estos temas en las escuelas y adoptar medidas preventivas. Se trata también de un cambio de mentalidad. Ya no se trata de combatir síntomas, sino de abordar las causas.

Hoy en día, podemos ayudar a los jóvenes que, debido a sus traumas infantiles o experiencias durante el embarazo, han desarrollado ira, agresión y odio. Debemos evitar que más adelante tomen un arma y descarguen su dolor en otros. Estas personas necesitan atención psicológica.

Quizás su alma quiera experimentar lo que es quitarle la vida a alguien. Si los jóvenes, o no tan jóvenes, toman armas y lastiman a otras personas, es que algo no está bien en su interior. Estos problemas del alma deben tratarse y encontrarse la causa.

Como escribí antes: ya en la etapa temprana de la infancia se debe comenzar a observar y hacer conscientes a los niños y padres sobre esto. Más adelante, en la escuela, se debe enseñar sobre los conflictos familiares y sus consecuencias emocionales, así como implementar medidas preventivas para evitar estallidos de violencia en el futuro.

Debemos prestar más atención al desarrollo temprano y al afecto en la infancia para que puedan llevar una vida futura mucho más exitosa y para que no se repitan los actos—como los vividos por sus padres.

La energía de nuestro hogar no nos abandona automáticamente cuando lo dejamos. La energía viaja con nosotros. En algún momento, debemos liberarnos de las energías destructivas.

Por lo tanto, la salud mental es un tema sumamente importante—no solo para los adultos, sino que comienza ya en la infancia.

Hay otros temas emocionales que afectan a personas que, cuando eran niños, no fueron "vistos" por sus padres. Fueron atendidos, pero emocionalmente quedaron solos: ¿Quién soy yo? ¿Qué puedo hacer? ¿Quién me ayuda a ser valiente y confiado?

Estos niños no experimentaron violencia ni fueron abusados. Sin embargo, llevan heridas internas que son sutiles y cuyas cicatrices permanecen en ellos hasta el final de sus vidas.

Este profundo sentimiento de abandono puede perpetuarse. Como resultado, se cae en el activismo o en conductas como beber o apostar. Debemos enfrentarnos a nuestros traumas.

Las heridas emocionales son uno de los mayores desafíos. Y estas no nos hacen felices.

No tenemos por qué repetir los patrones que marcaron nuestra infancia y que no nos permitieron ser felices. Debemos reconocer y nombrar nuestras heridas de la infancia. Muchos se enfrentan a temas de "Amor, Infancia, Relaciones": cómo amamos, cómo luchamos en nuestras relaciones—todo está relacionado con nuestra infancia.

Muchos problemas de pareja indican problemas no resueltos de la infancia. También heridas, como cuando un padre observa a su hijo en el deporte y se enfada porque cometió errores. Algunos padres entonces califican al niño como sin valor.

Los niños no entienden que los adultos también luchan con sus propios conflictos cuando les regañan. No reconocen que el enfado de los padres solo tiene que ver en parte con ellos —

un malentendido fatal, ya que de estas heridas surgen creencias que adoptamos sin darnos cuenta. Por ejemplo:

- No soy lo suficientemente bueno
- Debo ser perfecto para ser amado
- Solo valgo algo si logro algo
- No puedo confiar en nadie.

**Debemos hacer las paces—con nosotros mismos y con los miembros de la familia.** Llevamos muchas heridas dentro—heridas que provienen de nuestra familia/antepasados y de nuestra infancia. Debemos entender que nuestros padres y abuelos también han sufrido estas heridas. Y, pase lo que pase en nuestra infancia, nuestros padres y abuelos también han pasado por destinos difíciles.

Y llevamos esto en nuestro sistema (hasta la vejez). Deben ser sanadas. Debemos liberarnos de esto, por ejemplo, de las heridas emocionales, no ser vistos, ser dejados solos, la ausencia emocional de la madre/del padre, no ser amados, etc.

Hay muchos desafíos que impiden que las personas sean felices y no conducen a este objetivo. Cuando las personas discuten, cuando están enfadadas y coléricas, cuando están frustradas o envidiosas, cuando siempre quieren más y nunca están satisfechas, y especialmente cuando tienen miedo (y hay muchos tipos de miedo), entonces no pueden ser felices.

Estar satisfecho con poco nos hace felices. Así ya no tengo la obligación de querer más y más, de comprar, de consumir. Así también se evita el "shopping" de frustración, algo que muchas mujeres suelen hacer. Simplemente detenerse—sentir la paz en uno mismo—disfrutar del rayo de sol. Eso nos hace felices.

> *"Quien una vez se ha encontrado a sí mismo,*
> *no puede perder nada en este mundo."*
> Stefan Zweig

Otro ejemplo de la falta de una profunda felicidad que experimento en Suiza. Aunque el país es uno de los más ricos del mundo y, por lo tanto, sus habitantes, en mi opinión, no son realmente felices. Hay varias razones para esto.
En cualquier caso, el origen de las razones se encuentra en la historia del país y, por ende, en las familias en las que nació la generación actual. Esto significa que sus padres y antepasados tampoco vivieron ni experimentaron una profunda felicidad.

Dado que mi origen está en el mundo del dinero, miro este tema especialmente desde ese ángulo. El dinero tiene un alto valor entre los suizos. Pero no se habla de dinero. Se guarda en silencio. Creo que ahí radica una de las causas que impiden la verdadera felicidad. Por un lado, el enfoque está en el dinero. Y, por otro lado, el dinero no siempre es limpio.
Los médicos de las clínicas psiquiátricas aún no han abordado el tema del dinero y la correlación con las enfermedades mentales. He llamado la atención de algunos sobre esto.

Suiza tiene el mayor mercado offshore para fondos internacionales. Pero estos fondos internacionales no siempre se obtuvieron de manera limpia. Esto no les interesaba a los suizos, especialmente a los bancos, abogados, notarios y fiduciarios. Solo en los últimos 10 a 20 años se ha prestado más atención al origen de los fondos. Pero hay consultores que siguen haciendo que los fondos no limpios se vuelvan irreconocibles o se desvanezcan a través de estructuras.

Los fondos de los zares rusos a principios del siglo XX, los fondos de Persia en los años 30, los fondos de los kurdos, los fondos de los judíos durante la Segunda Guerra Mundial, así como los fondos de autócratas africanos y latinoamericanos y de oligarcas rusos—todos terminaron en Suiza. Sabemos que parte de esos fondos están manchados de sangre. Esto tiene un impacto en el país y en el ánimo de los suizos.

Además, están las numerosas organizaciones internacionales y empresas—muchas de ellas con sede en Ginebra o Zug. También aquí se aplican prácticas comerciales que no siempre son éticas y morales, y de ellas se genera dinero—dinero que no es limpio. Esto pesa sobre el alma de Suiza y de los ciudadanos suizos.

Como tercer punto, cabe mencionar la apropiación de fondos ajenos por parte de los suizos. Hace algún tiempo escuché en la calle a un suizo decirle a otro: "Deberías estar agradecido de que Hitler existiera". Al principio no entendí el comentario, pero más tarde sí. Algunos suizos alemanes estaban del lado de Hitler, otros no. Pero Hitler y la guerra hicieron ricos a algunos suizos, independientemente de su ideología—personas, empresas e instituciones—refinerías de oro, el señor Emil Bührle, etc.

Los fondos que los alemanes y otras nacionalidades dejaron en los bancos suizos, aseguradoras, abogados o fiduciarios solo se devolvieron a sus herederos si la prueba era 100% concluyente. Pero los herederos no podían proporcionar las pruebas.
Los titulares de las cuentas habían muerto en los campos de concentración. Y toda la correspondencia (extractos de depósito y cuenta, documentos de cajas de seguridad, etc.) la guardaban los bancos por seguridad durante la guerra. Los herederos no tenían ningún documento bancario y, por lo tanto, ninguna prueba del fondo familiar en Suiza.

Los bancos suizos, los abogados, etc. cargaron con mucha culpa al convertir los bienes de sus clientes en su propio patrimonio. La moral y la ética no jugaron ningún papel. Los honorables bancos, aseguradoras, abogados, así como el capital inicial de algunas de las familias más ricas de Suiza, están manchados de sangre y muerte de los propietarios originales del dinero.

Los descendientes de estos suizos llevan el sufrimiento de su familia. La alta tasa de suicidios entre los jóvenes suizos y sus depresiones se deben en parte a la adquisición poco honorable del patrimonio familiar original.

Y no solo los problemas psicológicos, sino también la generalizada discreción y el secretismo de los suizos están, en mi opinión, relacionados con la adquisición no ética del dinero. La introversión, la falta de apertura y transparencia, el secretismo, especialmente de los suizos alemanes, tiene que ver con el pasado de Suiza. Correlaciona con la custodia, administración y no devolución de fondos ajenos.

No se habla de dinero. Se guarda silencio. Porque hay algo que ocultar. Y este ocultamiento deja una marca en el alma. No es libre. No se siente libre. Está reprimida—como muchos suizos.

Y esto se siente hasta la generación actual: tensión, introversión, falta de soltura. Naturalmente, también hay otros factores que juegan un papel. Pero el entorno familiar y el tema del dinero tienen una gran influencia. Nunca aprendieron a abrazarse. A los niños les falta el abrazo cariñoso—el amor sentido.

Si existe una causalidad entre la adquisición de fondos poco éticos o la apropiación de fondos de clientes y la falta de una profunda felicidad en los suizos podría ser un proyecto de investigación para una universidad o fundación suiza. Hace años mencioné esto al Instituto Max-Planck en Múnich/Alemania.

Hoy en día, valores como la moral, la ética y la sostenibilidad han entrado en la conciencia de más y más personas y empresas, y forman parte de las reglas del juego de la nueva época—en todo el mundo. Quizás ayude convertir la ética y la moral en "ética y espiritualidad" y tomar un camino completamente nuevo (en lugar de usar el poder para ganancias personales) y trascender el propio "Yo", así como asumir un papel como guardianes del planeta. Porque el verdadero poder tiene que ver con la creación conjunta y no con la dominación, el ego y el beneficio.

Si este camino también se adopta en Suiza, y si el dinero se maneja de otra manera—en beneficio de las personas (ver también el capítulo 7)—entonces la alegría y la felicidad pronto se manifestarán entre los suizos.

*"Los nuevos caminos se crean caminando."*
Friedrich Nietzsche

Tengo compasión especialmente con la generación joven—alumnos, estudiantes, etc., no solo en Suiza, sino en muchos países del mundo. Como escuché en mis entrevistas con los representantes de los países durante el retiro en la India, están estresados y no son realmente felices. Una profesora inglesa, que enseña en una universidad en África y que fue invitada recientemente a una conferencia en la ETH de Zúrich, me dijo que debería llevar felicidad y humor a la ETH. Porque las conferencias son muy serias—como en muchas universidades del mundo, dijo.

*"La felicidad es el sentimiento alegre interior*
*de estar en armonía con el propio destino."*

En mi vida he conocido a varias personas que irradian felicidad, como Bojana. En una piscina en Zúrich, un ser angelical disfruta del sol en su rostro. Sus ojos están cerrados y sonríe todo el tiempo. La observo y me pregunto qué estará pensando por dentro. En cualquier caso, siento una total armonía entre su interior y su exterior. Me acerco y comienzo a hablar con ella. Más tarde, caminamos juntos a casa y compartimos nuestras experiencias de vida. ¡Qué regalo me dieron esa tarde!

O la cajera de una cadena de supermercados. Ella sonríe todo el tiempo. ¡Qué alegría entrar al supermercado y ver la sonrisa de esa persona! Y tiene palabras amables para cada cliente. Saluda a todos en su caja de manera cálida y amorosa. Le pregunté cómo llegó a ser así. Me dijo que desde niña era alegre, feliz y satisfecha. Pero que no pensara que no había sufrido golpes del destino. Mucho, dijo.

Entre otras cosas, de niña había mentido varias veces. Su padre la castigó severamente. Tuvo que arrodillarse durante horas sobre granos de arroz hasta que dijo la verdad. Los granos de arroz dolían muchísimo. Juró no volver a mentir. ¡Qué maravilloso ver a personas tan felices después de sufrir golpes del destino!

Una conocida habló de su primer esposo. Él quería que se quedara en casa frente a la estufa. No tenían hijos. Ella no podía trabajar ni hacer una carrera. Él ganaba suficiente.

Después de ocho años de matrimonio, él la dejó por recomendación de su maestro espiritual. Ella se quedó sin nada.

Ahora tenía 30 años, sin dinero, sin vivienda y sin confianza en sí misma porque su esposo la había mantenido siempre abajo. Pero algo la llevó a abrir su propia tienda de novias. Lo hizo y, con el tiempo, ganó cada vez más confianza en sí misma, hasta conseguir buenos puestos como empleada y generar buenos ingresos.

Hoy, le encantaría agradecer a su primer esposo por haberle dado, con su opresión, el valor para abrir un negocio que la llevó a tener confianza en sí misma y a ganar su propio dinero.

Ella está muy feliz de haber tenido esa experiencia con su primer esposo. Sin él, no estaría en la situación en la que se encuentra hoy. Sin él, no habría conocido ni experimentado lo bueno de la vida.

Quintessencia: Uno puede estar enfadado o triste al principio, pero a largo plazo, fue una ventaja. Lo bueno viene disfrazado de lo malo, dice hoy.

También yo estoy agradecido con mi esposa por haberse separado de mí hace 14 años, permitiéndome ser libre y seguir "mi" camino, que es diferente al suyo. Los niños o almas que nacen de parejas que eventualmente se separan están destinados a ser concebidos por ese padre y esa madre. Están destinados a aprender algo—de ambos.

Esa es mi opinión desde hace muchos años. Al mismo tiempo, esos niños deben ser amados por ambos padres, y su amor hacia los niños debe expresarse siempre, por ejemplo, abrazándolos con amor o con palabras cariñosas.

Hoy en día, muchas relaciones de adultos fracasan porque la dimensión interna no está desarrollada. Si no hay un intercambio auténtico en cuanto a estados de ánimo, sentimientos, anhelos, intuiciones, emociones, dudas, miedos, inspiraciones o sueños, la relación se empobrece. La ocupación no puede llenar el vacío interior. La realidad exterior se consume hasta el exceso. ¿Dónde queda el mundo interior, la experiencia interna?

Sin embargo, hay una nueva tendencia: los Objetivos de Desarrollo Interno. Hablaré más sobre esto en el futuro.

Otra historia trata de dos mujeres jóvenes que sufren efectos secundarios de la vacuna contra el COVID en varias formas: reumatismo (a los 35 años), problemas arteriales y daños orgánicos. Una de ellas también había tenido cáncer antes.
Todo esto, para muchos, no es algo especial. Pero lo especial y admirable es que ambas sonríen. Ambas son alegres y felices. Ambas se mudaron de sus lugares de origen a un hermoso lugar junto al lago de Constanza y están más que satisfechas con su vida—a pesar de sus enfermedades y de ser conscientes de que no vivirán mucho tiempo.

En el capítulo 8 escribo sobre otra persona que transformó su desafío en amor y luz y así alcanzó la felicidad.

# 5. Capítulo: ¿Cómo podemos alcanzar la Felicidad?

Viktor Frankl y Friedrich Nietzsche se ocuparon de la pregunta sobre el **sentido**. Esta pregunta es significativa, especialmente cuando llega la crisis (crisis existencial). Y hoy vivimos en tiempos de crisis. Por lo tanto, tiene sentido que nos ocupemos del otro lado, el lado alegre de la vida, entre otros, "¿Cómo puedo alcanzar la felicidad?" y "¿Cómo puedo entrar en la ligereza del ser?", que nos trae alegría, satisfacción y sensación de felicidad. Porque las preocupaciones y los miedos nos rodean todos los días.

La felicidad es un sentimiento. Y los pensamientos dirigen nuestros sentimientos. Por eso debemos prestar atención a nuestros pensamientos y observarlos. Los negativos vienen, pero los dejamos ir. Nos enfocamos en los positivos, incluso si los negativos son más numerosos.

Nos enfocamos en los pensamientos positivos, entre otras cosas, renunciando a las noticias, a los medios, al estrés, a las adicciones, al ego y disfrutando en su lugar de las pequeñas cosas: el sol, la naturaleza, la sonrisa de otras personas, el amor de nuestros hijos.

**Podemos preguntarnos: ¿Sobre qué soy feliz?**
Mi respuesta como ejemplo:

- Me levanto cada mañana con alegría.
- Ni me siento desanimado ni falto de energía.
- Disfruto cada día del sol (aunque no sea visible).
- Estoy saludable y soy disciplinado.
- Tengo dos hijos felices.
- Disfruto de mis dones, talentos y experiencias.
- Uno de mis dones es entrar en contacto con la gente de manera lúdica.
- Ya no estoy estresado buscando clientes ni cumpliendo objetivos impuestos por el empleador.
- Me he separado de lo material y no tengo deseos de más. *He tenido una casa maravillosa, Mercedes y mucho más.*
- No me preocupo por lo que pase mañana, si tengo que mudarme o... Lo correcto vendrá para mí. Estoy relajado y sin estrés.
- Me alegra darles a otras personas un rayo de sol cada día.

Esta felicidad me llena de gran gratitud.

**¿Cómo puedo ser feliz, sin miedos ni preocupaciones?**
- Alegría, diversión, ligereza en lugar de insatisfacción, preocupaciones, estrés. *Obstáculos: ego, ambición, patrones familiares, miedos.*
- Apreciación. Gratitud. Perdón *(a nosotros mismos, a la familia, a los agresores).*
- Creación significativa. Sin perfeccionismo.
- Nutrición, movimiento, deporte.
- Nueva actitud hacia el dinero. Dejar de lado el lastre material.

Muchas personas desearían llevar esta ligereza dentro de sí mismas y irradiar alegría. Pero algo se lo impide. Estos obstáculos se remontan a su infancia, como ya escuchamos en el capítulo anterior. Demasiadas cosas han sucedido, lo cual no les permite liberarse del corsé de hoy en día (prisión mental).
No se sienten libres para dar rienda suelta a sus emociones. Sus sentimientos están cerrados. Porque la sociedad dicta las líneas directrices y los objetivos para el ser humano. Los padres ya se lo hicieron saber al niño desde temprano. Muchas creencias y patrones de comportamiento también resultan de nuestra infancia.

**¿Qué es, sin embargo, lo más hermoso para un niño**, que lo hace florecer emocionalmente? Jugar, simplemente jugar, dejar volar su creatividad y emociones sin que los padres o superiores restrinjan al niño en su juego, ni en tiempo ni en espacio. Y con el juego, el niño encuentra y siente entusiasmo. Y con ello crecen la confianza y la alegría, el amor y la gratitud.

**Podemos volver a ser niños**, dejar volar nuestros pensamientos y sentimientos, ser guardianes del oro y la tierra, jugar al payaso y hacer lo que nos divierte. Podemos animar a otras personas a seguirnos como payasos y ser también divertidos y hacer felices a las personas. Así es como difundimos nuestra felicidad en el mundo, que es tan serio. Porque ya no se trata de lo que hacemos en la vida real. Se trata de ser felices y estar en alegría.

Estamos invitados a conectarnos con **nuestro niño interior**, que es un símbolo de pureza y asombro. Este paso nos anima a redescubrir nuestra inocencia infantil, un estado antes de que nuestra percepción se viera empañada por la complejidad de la vida.

**Hoy se trata de ver el mundo con nuevos ojos, como un niño** que se maravilla ante los misterios de la vida, sin cargas de prejuicios ni ideas preconcebidas.

Pero, ¿cómo podemos volver a ese estado de inocencia cuando nuestra mente está cargada de conocimientos, experiencias y realidades? La clave radica en aprender a calmar nuestra mente y despojar las capas de hechos, tareas y expectativas sociales acumuladas. De esta manera, nos abrimos a una vida más suave, amable y plena.

Permitámonos hoy que la inocencia del niño en nosotros guíe nuestras percepciones. Al hacerlo, allanamos el camino para un viaje lleno de sorpresas, alegría y el potencial ilimitado de ver el mundo con nuevos ojos.

Pero pronto nos enfrentaremos de nuevo a la vida cotidiana. Nos mostrará nuevamente los lados negativos de la vida, incluidos los traumas, los enredos, etc. Estos están almacenados en nuestro subconsciente. Para recorrer el viaje del niño al adulto y volver al niño con ligereza, es necesario trabajar y resolver los aspectos negativos dentro de nosotros. Porque estos obstaculizan nuestra felicidad. Para ello, debemos ocuparnos del subconsciente.

Nuestro subconsciente se programa especialmente entre la concepción y los siete años de edad con emociones y recuerdos. Desde el nacimiento, dividimos el mundo en buenas y malas experiencias. El subconsciente almacena esta división y más tarde la hace parecer real al consciente.

Como sabemos, el subconsciente es mil veces más poderoso que el consciente. Si el subconsciente es tan poderoso, ¿quién o qué lo controla?

La fuente de todo lo que nos atormenta son nuestros sentimientos reprimidos, las heridas y los miedos, así como las experiencias no procesadas que mantenemos atrapadas en nuestro sistema nervioso. Detrás de cada estrés, síntoma, patrón de enfermedad, ya sea psicológico o físico, hay emociones y recuerdos enterrados en nuestro subconsciente. Cuando se despiertan, nuestro cuerpo reacciona con estrés negativo.

Podemos provocar una reacción de estrés solo con pensamientos. Basta con que pensemos en algo que está profundamente tatuado en nosotros. Y ya la memoria de situaciones pasadas cobra vida y en ese momento es aguda y real. Porque nuestro cerebro funciona en imágenes. Así surge un pensamiento en nosotros que desencadena una emoción. Como resultado, aumenta nuestra frecuencia cardíaca. Nos ponemos más ansiosos.

El núcleo de cada estrés y enfermedad son los sentimientos y recuerdos, es decir, percepciones traumáticas enterradas en nuestro subconsciente. Debemos entender que nuestras emociones, así como el cuerpo humano, son energía.

Nuestros pensamientos generan nuestros sentimientos. Y nuestros sentimientos dirigen nuestro comportamiento. Cuando uno de nuestros sentimientos es muy fuerte, en realidad sentimos energía vibratoria. Cada sentimiento vibra con su propia frecuencia específica. La ira es una energía emocional diferente de la frustración o la tristeza.

Todos estos sentimientos tienen diferentes energías vibratorias. Con una emoción intensa, todo nuestro ser puede ser atrapado por esta vibración. Y a veces la vibración es demasiado fuerte y la energía queda atrapada en el cuerpo. Una emoción atrapada en el cuerpo es una esfera de energía. Puede estar en cualquier parte del cuerpo y perturbar el campo energético normal.

En la antigüedad se sabía que los sentimientos negativos se almacenan en todo el cuerpo. Afectan las funciones emocionales y anatómicas del cuerpo. Los sentimientos se condensan. Y cuanto más fuertes se vuelven, más los apartamos. Se nos enseñó a resistir los sentimientos desagradables en lugar de permitirlos y sentirlos.

Buscamos respuestas en el mundo exterior. Pero el problema es que allí no encontramos nada. Porque las respuestas están dentro de nosotros. De allí también vienen los sentimientos.

Solo cuando miramos hacia adentro, experimentamos la UNIDAD, la conexión con todas las cosas, incluso con el universo.

Conocemos el poder de la mente. Está científicamente comprobado que puede curarse a sí misma, una y otra vez. El universo nos apoya si participamos y creemos en ello. Junto con el universo, podemos crear algo. El universo siempre tiene una solución para nosotros.

**No pidas lo que deseas, simplemente agradece. Si pides, significa que no lo tienes. Si agradeces, reconoces que ya está ahí.**

Cuando rompemos las cadenas de las dependencias emocionales, ocurre una verdadera transformación. El efecto secundario de esta verdadera transformación se llama ALEGRÍA. Este estado elevado del ánimo ocurre cuando la energía es liberada del cuerpo. El cuerpo se libera del pasado y llega al presente. Entonces sentimos otro tipo de sentimientos: alegría, benevolencia y gratitud.

Cuando nos permitimos sentir y estar completamente presentes, todo se vuelve posible. El mundo que nos rodea se vuelve muy movible, maleable y maravilloso.

**Algunos mensajes:**

Todo es ENERGÍA. Todo es consciencia.
Los sentimientos son la energía que te impulsa. Esta fuerza vital interior te permite ser quien realmente eres. Transforma lo que no quieres en lo que deseas.

Podemos "observar" los dramas y traumas de la vida, pero no enredarnos en ellos. Solo observar.

Podemos dejar nuestras creencias y sumergirnos en nuestro verdadero poder centrado en el corazón.

Podemos superar el miedo. Podemos entrar en un estado de intrepidez en el que nuestras acciones sean guiadas por el amor. El amor, el amor profundo e incondicional, es la fuerza más poderosa contra el miedo.

El amor es mi escudo protector, que transforma el miedo en fortaleza.

El guerrero luminoso no busca la división, sino la sanación profunda y reconoce que la raíz del conflicto a menudo yace en nuestras propias sombras.
El camino del guerrero luminoso se centra en la transformación del miedo en amor. El miedo, visto como la ausencia de amor, se transforma mediante el perdón y la gratitud.

Perdonar a quienes nos han herido y sentir gratitud por las lecciones que nos han dado es el primer paso hacia el empoderamiento y la sanación. Este proceso nos permite reconocer que los desafíos de la vida no nos ocurren, sino que ocurren para nosotros y nos brindan oportunidades de crecimiento y profundización de nuestra humanidad.

Al tomar este camino, dejamos de lado la necesidad de tener razón haciendo daño a otros, y en su lugar cultivamos una presencia llena de amor y compasión. A través del perdón y la gratitud, transformamos nuestras emociones tóxicas en poder personal y asumimos el papel del guerrero luminoso, que crea **belleza en el mundo** y reconoce que todo en la vida (incluso las experiencias más desafiantes) en última instancia contribuyen a nuestro crecimiento.

Domino mis miedos con el coraje y la luz del guerrero luminoso. El amor es mi mayor arma. Transforma el miedo en oportunidades de crecimiento.

Uno de los traumas colectivos es el enfoque excesivamente masculino que a menudo margina lo femenino. Esto debe ser reconocido y sanado.

Podemos enfrentarnos a la opresión histórica de lo femenino. Especialmente las tradiciones occidentales han intentado domesticar lo femenino y su inherente salvajismo y libertad. Esta opresión se manifiesta tanto en estructuras sociales como en interacciones personales, a menudo restringiendo y limitando el espíritu femenino.

El concepto de histeria refleja miedos profundamente arraigados y conceptos erróneos sobre el poder femenino, lo cual ha llevado a prácticas que intentan eliminar los aspectos salvajes e indomables de la feminidad, creando así una feminidad controlada.

El resurgimiento de la Mujer Salvaje es fundamental no solo para los roles sociales, sino también para cada individuo. Se trata de liberar lo femenino interior y permitirle expresarse completamente, sin restricciones convencionales. Desafía el miedo al cambio y la incertidumbre, dando la bienvenida a la innovación y lo desconocido.

Dejo atrás el pasado y me abro a la renovación.

Dejo ir lo que ya no me sirve y hago espacio para nuevos comienzos.

Hoy podemos cuestionar nuestros sistemas de creencias con los que navegamos por la vida, para reconocer cuáles nos sirven y cuáles debemos dejar ir. Esta autoobservación permite liberarnos de energías negativas y facilita el crecimiento y el surgimiento de nuevos comienzos y nuevos potenciales. Esta energía asciende a través de los chakras de nuestro cuerpo y simboliza transformación e iluminación.

Dejo ir lo que me ata y encuentro fuerza y liberación en mi camino hacia arriba.

Reconozco y transformo mis sombras internas en luz y amor.

Nuestras heridas más profundas requieren nuestra atención urgente. Se trata de una profunda sanación interna. Esto conduce luego a la felicidad.

Podemos reconocer y sanar vínculos tóxicos y traumáticos y no causarnos dolor a nosotros mismos.

Cada momento es una oportunidad para reescribir mi historia.

Estoy centrado y en paz, independientemente de las tormentas que me rodean.

Observo los eventos de mi vida con distancia y, al hacerlo, gano claridad y sabiduría.

Si haces algo que hace que el otro se sienta mejor, tú también te sentirás mejor.

Soy completo y cada parte de mí es bienvenida y amada.

Acepto mi ser completo con compasión y comprensión.

Soy un canal de sanación, para mí mismo, para otros y para la Tierra.

La sabiduría del pasado ilumina mi camino hacia adelante.

La guía y la visión fluyen fácilmente hacia mí cuando me conecto con mi corazón.

Confío en mi viaje por la vida y veo cada cruce como una oportunidad de crecimiento.

Estoy rodeado de amor y proyecto este amor hacia afuera. El amor propio es la base de mi fortaleza y la fuente de mi conexión con los demás.

Enfrento al mundo con alegría y ligereza.

Cada una de mis acciones contribuye a la sanación y el bienestar del planeta.

Como guardianes de la Tierra, estamos conectados con la red de la vida, nutrimos la Tierra y somos nutridos por ella.

Al practicar la quietud, aprendemos a influir en nuestra realidad en su estado más maleable, antes de que se solidifique en una forma. Este enfoque refleja las enseñanzas de muchas sociedades de nativos americanos, que nos recuerdan que nuestras acciones y pensamientos tienen efectos durante siete generaciones.

Hoy estamos llamados a soñar con los ojos abiertos y visualizar los cambios que queremos ver, implementándolos desde un lugar de profunda quietud interior. Es un llamado a considerar

atentamente el impacto de nuestros pensamientos y acciones y a elegir aquellos que fomenten un mundo que deseamos para nosotros mismos y para las generaciones venideras.
**Podemos soñar un nuevo mundo, un futuro de armonía, responsabilidad y paz.**



La fuente de la salud y la sanación está dentro de nosotros. Esta fuente y, por lo tanto, la felicidad, la experimentamos a través del conocimiento de nosotros mismos y el enfoque en nuestra riqueza interior en lugar de la exterior. Este nuevo espíritu y un comportamiento de vida saludable conducen a la felicidad.
Si integramos luz (la frecuencia más alta), amor y ligereza en nuestra vida, creamos alegría, satisfacción interna y salud.

Queremos llevar a las personas a la tranquilidad, la alegría, la despreocupación y la felicidad.
¿Cómo podemos alcanzar la tranquilidad y la alegría? Renunciando al ego, a lo material y a la búsqueda de reconocimiento y éxito exterior, siendo agradecidos por lo vivido, perdonando, meditando, llevando un estilo de vida saludable, etc. Estando satisfechos con poco y, por lo tanto, siendo felices. Y entonces llega la confianza y la alegría.

1. No identificándome: ¿Quién soy? ¿De dónde vengo?

Muchas personas aún están en su ego y no han entendido de qué se trata a nivel del alma, es decir, comprender que no se trata de éxito, reconocimiento y dinero, sino de aprender un entendimiento y conocimiento superior y que el éxito y el reconocimiento no tienen nada que ver con lo exterior (lo material), sino que debemos buscarlo y encontrarlo DENTRO DE NOSOTROS.

Nuestra verdadera felicidad viene del interior y no por nuestro patrimonio exterior.

2. Vivimos en un mundo en el que debemos dejar atrás lo viejo, donde podemos re-pensar y re-sentir, es decir, transformar. Porque lo NUEVO está listo para ser abordado.

Lo viejo incluye nuestra visión de la vida: aprender, estudiar, trabajo, ganar dinero, matrimonio, hijos, enfermedades, pérdida de empleo, preocupaciones de descenso financiero, tristeza, soledad, posible depresión, pérdida de estatus social, envejecimiento y muerte.

3. En cambio, dejo que la energía positiva fluya hacia mí cada día.

4. Además, permito que se disuelvan los bloqueos en mí (creados por mí, mi familia y la sociedad). Y cambio mis creencias.

5. El capital de las personas no es el dinero. El capital son los potenciales, talentos, valentía, creatividad, alegría, salud, etc. Y el capital también incluye la moral, la honestidad, la transparencia y la confianza.
Con este capital, siempre se puede construir algo nuevo.

6. Sin embargo, cuando se trata de destinos, podemos mirarlos. Pero no deberíamos vernos a nosotros mismos como víctimas. Nuestra alma quiere experimentar este destino. Podemos crecer a través de ello: aceptarlo con calma y comprensión, así como con ligereza (y no con pesadez).

7. ¿Dónde están los obstáculos para ser feliz?
- Heridas y traumas de la infancia.
- Condicionamientos de los padres y la sociedad.
- Presión psicológica de uno mismo o del exterior.
- No permitir una cultura del error.
- Estrés para ganar dinero; pero también ver el dinero como una carga.
- Dudas sobre uno mismo y sus habilidades.
- Falla de modelos a seguir como padres, políticos, líderes empresariales.
- Miedo al fracaso.

**¿Cómo alcanzamos la satisfacción, la ligereza?**
- Nueva perspectiva de la vida, el trabajo, el dinero, el consumo...
- Salir del sistema mentalmente (no sentirse atrapado).

- No tener miedo al fracaso frente a la sociedad, los padres, los amigos, la pareja.
- No tomarse demasiado en serio.
- Menos perfeccionismo (estrés), EGO, adicción a "más".
- Menos enfoque en los valores materiales.
- Menos conformidad, envidia, celos...
- No buscar el reconocimiento a través del dinero (en padres, pareja, amigos).
- Sanar temas familiares. La causa de muchas cosas radica en nuestra infancia o en el hogar: relaciones, dinero, temas emocionales, heridas del alma, depresión…
- Más en el poder del corazón, intuición, sentir.
- Hacer las paces con los agresores, enemigos...
- Abrir el corazón y el alma (= espíritu).

**Así, ligereza, intuición, inspiración, creatividad…**

8. ¿Cómo gano dinero?

Los humanos vemos el dinero como algo "pesado". Y es frío. No se siente cálido. Pero si reímos y nos alegramos, también el dinero se alegra. Entonces viene a nosotros con ligereza y con alegría. Porque le damos aprecio al dinero.

Si estamos satisfechos en nuestro interior, no necesitamos acumular tanta propiedad en el exterior. Y entonces podemos usar el dinero para otras cosas, como ayudar a otras personas a encontrar la alegría o la independencia, etc.

Podemos encontrar la alegría de vivir, la ligereza y la despreocupación en nuestro interior y no en el exterior.

**Haz las paces** con los demás.
Perdona a los agresores/enemigos. Reconcíliate.

**Agradece** tu vida, tu familia, tus hijos.
Diles a tus seres queridos lo agradecido que estás por todo.

**Si sonríes a las personas**, recibirás una sonrisa de vuelta.

**Irradia alegría**.

**Muestra disposición** para ayudar. Trabaja en tus propias guerras internas. Tómate tiempo para ti y para los demás. Rodéate de personas felices en lugar de pesimistas, críticos.

*"Recuerda que la felicidad no es una meta, sino un viaje,*
*y que está bien tener altibajos en el camino.*
*Sé paciente contigo mismo y sigue esforzándote*
*por crear una vida que te traiga alegría y plenitud."*

# 6. Capítulo: Mi Camino hacia la Felicidad

La felicidad tiene una percepción diferente para cada persona y va profundamente en la psique de las personas. Está relacionada con la infancia. ¿Fue mi hogar feliz, mis padres, abuelos, mis hermanos y yo? ¿O el pensamiento de competencia, la lucha por la supervivencia, los problemas de dinero u otros temas eran parte de mi infancia? ¿Por qué fui feliz o no lo fui en ese momento?

Sobre mí: No fui feliz de niño y adolescente. Como el primogénito, con padres que en la Alemania de posguerra buscaban prosperidad y dedicaban su tiempo al trabajo y a ganar dinero, y muy poco a sus hijos, crecí en los años 50 y 60. Era totalmente introvertido, triste, no lograba seguir el ritmo en la escuela y, por lo tanto, la evité muchas veces. En total asistí a cinco escuelas y terminé mi etapa escolar sin graduarme. Fue solo cuando me formé como banquero y me alejé de la familia — me fui al extranjero a trabajar en un banco— que empecé a encontrar mi camino.

Mi carrera como banquero fue fantástica. Estaba contento. Reía. Era exitoso. Me sentía como el "Amo del Universo". Al mismo tiempo, era algo arrogante, no estaba conectado con mi corazón y muy lejos de lo que mi alma realmente quería. Y así llegaron los obstáculos —las pruebas. Me despertaron. Estaba atrapado en mi ego. Estaba en el materialismo, como muchas personas.

Mi objetivo era ganar mucho dinero. Ese era, y sigue siendo, el objetivo de muchas personas. Pero ese no era mi propósito, como más tarde aprendí. Pasé por una quiebra. Tuve que dejar mi amada ciudad de Miami. Antes, tuve que vender nuestra magnífica casa. Me encontré en Hamburgo viviendo sin lujos, sin gente rica ni "amigos" a mi alrededor. Sin cócteles de alto nivel social, simplemente llevando una vida como muchas otras personas, a las que antes veía con algo de desdén.

Durante los siguientes siete años pasé por tiempos difíciles. En Hamburgo conseguí un trabajo fácilmente en UBS, y después de tres meses, me despidieron porque se dieron cuenta de que acababa de cumplir 50 años y, según las leyes alemanas, no es fácil despedir a alguien de esa edad. Así que lo hicieron durante el periodo de prueba.
Después de este golpe personal, administré mi pequeño patrimonio y lo convertí en algo grande —muy grande. Pero mi dios de la suerte tenía otros planes para mí.

Durante tres años tuve la misma experiencia: mi inversión se triplicaba al principio, la mantenía durante un tiempo y luego colapsaba. Tomé otra cantidad, y nuevamente se triplicó. La mantuve durante mucho tiempo, hasta que también colapsó. Luego lo intenté una tercera vez, con mi último dinero. Mi inversión se triplicó nuevamente, pero esta vez la mantuve por poco tiempo, hasta que se disolvió por completo debido a los "margin calls".

Una experiencia increíble que viví durante esos tres años. Mi hermano, un médico conocido, se suicidó durante ese tiempo. Yo no tenía intención de seguirle. Gracias a él conocí la medicina alternativa y, después, la espiritualidad. Durante muchos años me ocupé de este tema y crecí interiormente.

En 2015 conocí a un médium que me dijo que haría feliz a la gente. "Eres un hacedor de felicidad", dijo. Me sorprendió. De niño y adolescente, yo era totalmente introvertido, triste, callado. En el extranjero fui feliz, pero con el tiempo me volví arrogante y materialista. Entonces recibí un golpe en forma de quiebra y posterior pérdida de patrimonio. Luego, años de búsqueda de "mi" camino, es decir, lo que mi alma quería.

Entonces, el médium me dijo que era una persona feliz y que haría felices a otras personas porque ellas no lo eran. "No creas que es normal para todos estar felices y contentos. No, no es algo que todos tienen. Es un regalo. Y tú tienes ese regalo. Por eso es normal para ti. Y como las personas no tienen ese regalo, quieren estar cerca de ti. Se sienten bien y ríen contigo." Esta experiencia ya la he tenido muchas veces.

Ella continuó: "Estás atravesando una gran transformación, como la evolución de una oruga a una mariposa, que es un proceso enorme. Tú también pasarás por este proceso inmenso: desde la agresión, la ira, el rencor, la frustración, que has llevado contigo toda tu vida, hacia la alegría, la felicidad, la transformación, para convertirte en un diamante.

Poco a poco, te liberas de las influencias que generan enojo, irritación, dudas, resistencia, ofensas, tristeza y dolor. Se trata de cortar todos los lazos de tus experiencias pasadas para ser libre. Ya no habrá ataduras que te conduzcan a la frustración, la impaciencia y la acumulación de posesiones. Serás libre de estas ataduras y de esas energías.

Serás capaz de liberarte por completo de estas influencias emocionales. Eso, a su vez, te otorgará un estado de conciencia superior y una perspectiva más amplia, a través de la cual podrás ver el mundo y tu propia posición en él. Tal vez la mayor parte de esta transformación tiene que ver con cómo te ves a ti mismo en el mundo.

Es una dimensión completamente nueva. Es prácticamente como una peregrinación del alma: emigras (es decir, te transformas) desde formas emocionales hacia la libertad y profundamente hacia ti mismo. A través de esta transformación te sentirás mucho mejor en lo que haces y en cómo lo haces. Abandonarás tu forma de ser seria, ambiciosa y perfecta. Te volverás alegre, divertido, infantil.

Y traerás a las personas los frutos de la vida: la alegría incondicional por la vida. Porque, ¿cuál es la esencia de la vida? La esencia es disfrutar, disfrutar de la vida, del privilegio de estar vivo y estar aquí en la Tierra. Porque nuestro derecho de nacimiento es llevar una vida profunda, significativa y con propósito en alegría.

Harás que las personas reflexionen con tu ALEGRÍA y tu risa, para que cambien de perspectiva sobre sus opiniones y creencias sobre la vida. Se trata de celebrar la vida y aceptarla con ALEGRÍA y abrazarla.

La vida es inmensa. Y cuanto más abrazamos la vida verdadera, más felices somos. Cuanto más nos adentramos en la vida, más divertida se vuelve. Y más interesante se vuelve la vida. Nos volvemos más humildes. Porque es mucho más profunda de lo que mucha gente se da cuenta. Solo necesitamos ser nosotros mismos, no lo que se supone que debemos ser o lo que queremos ser o nos gustaría ser, simplemente ser nosotros mismos. "Soy gracioso; soy tonto; me encanta bromear; me encanta divertirme; me encanta jugar; me encanta tener sexo."

Todo lo que otras personas me dijeron que debía hacer, lo que mi ego decía que hiciera para lograr algo, ya no me importa. Solo quiero ser feliz. Ya no juzgo. Es lo que es. Déjalo ser. It is like it is. Let it be. Me honra compartir con ustedes cosas que me traen alegría."
Y entonces, les da alegría. Simplemente esparces la alegría y la risa. Y ellos lo comparten con los demás.

La vida es reír. Es diversión. Haces bromas. No es nada serio. Al mismo tiempo, es mucho más serio de lo que nadie sabe. Es alegría. Y las personas quieren esta alegría en un mundo donde hay tanta necesidad, miseria y sufrimiento, que se vuelve insoportable para muchos. Traes lo que el médico ha recetado: **ligereza, alegría y felicidad.**

Enriqueces a las personas. Todos ríen. Cuando se van a casa, se sienten libres y llenos de esperanza. Se sienten rescatados de la tristeza, la depresión y las preocupaciones. Porque les transmites sabiduría de una manera que toca al niño interior.

Y así eliminas el juicio y la separación de la conciencia. Porque todos tenemos el paradigma de la separación: "Esta parte de mí es buena, la otra no lo es." Eso es un juicio. Y eso es separación. Tú muestras a las personas ambos lados: la capacidad de reír. Y luego, a través de tu alegría y risa, eliminas cualquier noción de juicio.

Las personas sentirán tu alegría como el aporte más maravilloso, mágico, nutritivo, sostenible y enriquecedor que hayan experimentado. Les das la esencia y el sentimiento de renacer como su propio niño de Dios.

Y das "charlas" de una manera ligera, lúdica, casi cómica, que atrae la atención de las personas. Cuando se van, sonríen. Y ríen. Vuelven a casa y comienzan a reflexionar sobre tus palabras lúdicas. Porque son mucho más que solo graciosas y divertidas. Son profundas sabidurías, presentadas de una manera ligera e infantil.

Wow, realmente estaba impresionado. Qué mensaje tan hermoso, esclarecedor y motivador. "Lo único que no cambiará: eres un sanador. Pero la forma en que sanas cambiará. Es una sanación a través de la risa, la alegría y el aporte de felicidad y luz."

Y eso tuve que aprender, o debería aprender, a dejar que mis emociones fluyan libremente: entusiasmo, alegría, confianza, amor, gratitud. Y dejar ir toda mi ira, rencor, enfado, frustración. Al parecer, mi alma quería que en esta vida eliminara esas emociones negativas, es decir, liberarme de ellas.

Pero eso no sucedió de la noche a la mañana. Me llevó varios años. Entre 2016 y 2021 estuve en emociones positivas, pero mi familia constantemente me desencadenaba, lo que me devolvía a la ira, el enfado y el rencor.
Fue solo cuando puse un punto final y me alejé físicamente de mi familia y me mudé a Suiza que me sentí liberado. Allí pude practicar y vivir mi libertad, mi ligereza, mi alegría.

¿No es sorprendente que en 2015 recibiera un mensaje de alguien y ocho años después me encontrara físicamente en el país que esa persona había previsto? Porque junto con todos los mensajes, ella dijo: "Te irás a Suiza y, especialmente en el sur de Suiza y el norte de Italia, encontrarás personas que apreciarán mucho tus dones y te apoyarán en tu misión."

Y en segundo lugar, ¿no es sorprendente que tuviera que pasar por un proceso difícil de oruga a mariposa entre 2016 y 2021, es decir, tener que experimentar nuevamente toda mi ira y rencor, especialmente hacia mi familia, para luego dejar ir esas emociones negativas?

Las últimas emociones negativas surgieron durante mi visita a Hamburgo en junio de 2024. Registré mi rencor, ira y enfado en forma de notas y se las envié a mi familia. ¿De qué se trata? Nunca fui escuchado. Nunca fui aceptado, entre otras cosas, debido a mi estilo de vida, que no encajaba en la caja de un adulto (de mi familia). Según sus expectativas, uno trabaja, gana dinero, tiene un hogar, un automóvil, tal vez una familia, se toma unas vacaciones de vez en cuando, etc.

Ese era el tipo de vida que había tenido antes. Ahora mi vida, o mi estilo de vida, era diferente: menos carga, pero con alegría, risa, casi infantil, lúdica, viendo el mundo con ojos nuevos, es decir, diferente de los adultos que piensan en compartimentos. Era un artista de la vida con una alegría increíble dentro de mí.

Mis pensamientos y opiniones no importaban a mi familia. Solo importaban sus opiniones, afirmaciones y juicios. Y con eso, su ego y su autocomplacencia.
Pero hace mucho que ya no me siento decepcionado y los he perdonado. Su alma quería tener esa experiencia. Y mi alma también.

Su lección les llegará en algún momento, tal vez desencadenada por golpes del destino. Para muchas personas, el cambio de mentalidad solo ocurre después de los golpes del destino. Y luego, tal vez, la alegría, la ligereza y la risa entren en nuestras vidas. Además, entonces nos damos cuenta de que una felicidad profundamente sentida entra en nosotros cuando estamos conectados hacia arriba.

Y en tercer lugar, ¿no es sorprendente que hoy esté escribiendo un libro sobre la felicidad, es decir, sobre un tema, una emoción que llevo dentro de mí?

*"Donde se va y a donde no querías ir,*
*es precisamente allí donde ocurre la transformación."*

Sobre mi camino hacia la felicidad recibí un mensaje similar en encro de 2024. ¿No es sorprendente que dos personas diferentes, en dos partes diferentes del mundo y en momentos muy distantes, dieran el mismo mensaje? El mensaje en enero de 2024 fue:
"Haces felices a las personas trayéndoles alegría. Les haces darse cuenta de que su apego a su ego y a sus cosas materiales no les ofrece alegría ni felicidad.

Les cuentas que tú solías tener muchas cosas materiales y luego lo perdiste todo. Cuando tenías muchas cosas, eras feliz. Pero, ¿era esa la verdadera felicidad? Porque cuando ya no tenías nada, fuiste realmente feliz, desde dentro (y no desde fuera).

Llevas a las personas a una meditación para que reflexionen y piensen sobre eso, sobre sí mismos y sus vidas.

Lo reconocerán, no todos, pero algunos sí. Porque el nivel de estrés al que están sometidas las personas (preocupaciones y miedos, así como hiperactividad: mirar constantemente el teléfono, cuidar a los niños, hacer tareas del hogar, trabajar, cuidar la apariencia, aceptar invitaciones, planear vacaciones, etc.) es muy, muy alto. Además, están las preocupaciones por el trabajo, la familia, ganar dinero e invertir, etc. Este nivel de estrés tiene que soportarlo el cuerpo. Lo desgasta enormemente y provoca desajustes.

Se trata de la desvinculación: la desvinculación del apego al ego y a nuestro exterior material. Se trata de un cambio de perspectiva. **Las personas vinculan su felicidad con sus cosas materiales.**

Recibí una metáfora del médium: Soy el último sobreviviente del campo de concentración. Como otros prisioneros, siempre supe y sentí que había una fuente interna de la que podía obtener amor, alegría de vivir y fuerza, que me hizo fuerte para sobrevivir. Como los prisioneros, después de perder mi riqueza material, ya no tenía nada, excepto acceso a una fuente que me daba esperanza y confianza, y me la da todos los días, y así me da alegría. Esa alegría quiero compartirla con otras personas.

En realidad, no hago nada concreto en el sentido de ser una abeja trabajadora, es decir, de la sociedad. Solo hago que las personas se den cuenta de sus vidas y les cuento sobre mi vida, que era como la suya, exitosa y materialista, y cómo cambió después. Solo dirijo la atención hacia que las personas se reconozcan a sí mismas, descubran su alegría. No tengo que transformar nada. La transformación ocurre por sí sola. Algo comienza a fluir. Es plenitud. Es riqueza. Hago que los ciegos vean.

Hoy podemos descubrir lo que nos trae alegría. La felicidad tiene que ver con desvincularse de las posesiones materiales. "Puedes preguntarte: ¿a qué cosas (objetos/posesiones), es decir, todo en el ámbito del 'tener', vinculas tu sentimiento de bienestar y comodidad? ¿Te sentirías mejor y más feliz si tuvieras más, más dinero, más reconocimiento, más posesiones? Piénsalo. Y respira profundamente. Siente hacia adentro. Qué maravilloso es el brillo interior, la esencia de tu ser. Esa es la fuente."

Se trata hoy de sentir que hay algo profundo en mí. Hay una vida en mí que es feliz por sí misma. Se trata de hacer que los ciegos vean y activar su fuerza del corazón. **Porque la alegría tiene su hogar en el corazón**. No puede ser sentida en otro lugar. Y el corazón siempre está cerca de la fuente, de la fuente de la vida.

Cuando hago un comentario gracioso, va al intelecto. Pero el corazón se ríe. Lo que realmente ríe es el corazón. Y tiene un poder sanador, una energía calmante. El cuerpo entra en reposo.

Y cuando el cuerpo entra en reposo, todo se regula solo. Lo interesante es que las células inflamadas del cuerpo se transforman en neutralidad y ni siquiera llegan a manifestarse como enfermedad.

**La alegría tiene el mayor poder transformador que lo cura todo. Sentir la alegría lo cura todo.** Cuando estás en la luz de la alegría, automáticamente ayudas a las personas a orientarse hacia la alegría. Y a partir de la alegría, el mundo se transforma. Y de ahí surgen nuevos sistemas.

A través de cada persona que sigue la alegría, algo cambia en todo el sistema. No se necesita palanca para cambiar o poner algo en marcha. No, se ordena de nuevo, desde una conciencia diferente. SE ordena: no yo, no tú, no él, ella, eso tiene que hacerlo. SE ordena.

**En la energía de la alegría todo se reúne**, se culmina todo lo necesario para florecer, para estar completamente presente en la propia naturaleza y hacer el bien para el gran todo. En esta energía todo se culmina.
Es como si hubiera una súper pastilla para todas las enfermedades.

*"La vida se vive hacia adelante y se entiende hacia atrás."*
Søren Kierkegaard

**¿Cómo llegué a la felicidad interior?**

A través de un cambio de perspectiva sobre mis opiniones y creencias sobre la vida. Somos solo huéspedes aquí en la Tierra. Por lo tanto, podemos practicar la tranquilidad y no tomar las cosas demasiado en serio. Podemos cuestionar nuestra separación: hombre y mujer, blanco y negro, judío, cristiano o musulmán, así como nuestro juicio.

Podemos cuestionar nuestra adicción al consumo. Podemos cuestionar nuestra actitud materialista. Podemos recuperar la simplicidad, estar satisfechos con poco. Podemos trascender y disolver nuestro pequeño o gran "yo", es decir, dejar ir nuestro ego.

¿Cómo llegué a la felicidad interior?
A través de dejar ir el ego, lo material y la búsqueda de reconocimiento y éxito exterior; a través de la gratitud por lo vivido; a través del perdón; a través de la meditación; a través de un estilo de vida saludable, etc. Así encontré la paz de mi alma.

¿Era feliz antes? Sí, debido a mis éxitos y mi riqueza exterior. ¿Fui más feliz después? ¡Sí! Porque encontré el acceso a la fuente, a la fuerza, al amor, a la alegría de vivir.

Vivo la alegría, la risa y el humor. Soy un payaso, el niño de Dios. Y con eso hago reír a las personas, les llevo ligereza y distribuyo luz.

Me siento como un niño. Al final del retiro en la India tuve la inspiración, la imagen interior: me vi a mí mismo como un niño de siete años: riendo, jugando, despreocupado, lleno de alegría, curioso, valiente, creativo, haciendo el payaso y haciendo felices a los demás, sacándolos de la vida monótona, divirtiéndome y siendo divertido, sin miedos ni preocupaciones.

Al mismo tiempo, puedo ser serio. Porque, por un lado, tengo 70 años de experiencia de vida. Y, por otro lado, regreso a la niñez. Entonces, encierro ambos lados: el experimentado y el infantil. ¡Qué regalo!

La vida es una gran riqueza. Estamos tan bendecidos de estar aquí en esta Tierra. La vida es tan simple. Solo necesitamos aprender el "juego de la vida": ser alegres, ser felices, bailar y traer alegría al mundo. Y unir esa alegría con el espíritu. Porque no se trata de la alegría superficial, sino de una "alegría" que va más allá ("joy" beyond).

# 7. Capítulo: Dinero Feliz

La vida y el dinero están conectados: sin dinero no hay vida. Y sin vida no hay dinero. Pero, ¿es nuestra vida feliz? ¿Es nuestro dinero feliz?

El dinero tiene un peso enorme en nuestro mundo actual. Nuestro malestar está indirectamente relacionado con él. Porque hemos puesto nuestro enfoque en lo externo, lo material, y hemos olvidado o relegado nuestro interior. Y así, no puede surgir una verdadera felicidad.

Primero, la pregunta: ¿Qué es el dinero? Chat GPT responde: "El dinero es un medio de intercambio universal que se utiliza para medir, almacenar e intercambiar el valor de bienes y servicios. Cumple varias funciones centrales en la economía:

1. **Medio de intercambio**: El dinero facilita el comercio, ya que representa un valor general que hace innecesario el intercambio directo de bienes o servicios.
2. **Depósito de valor**: El dinero sirve para almacenar poder adquisitivo a lo largo del tiempo, permitiendo ahorrar y gastar más tarde.
3. **Unidad de cuenta**: Permite la evaluación y fijación de precios de bienes y servicios, creando una base común para la comparación de valores.
4. **Medio de liquidación de deudas**: Se utiliza para saldar deudas o cumplir obligaciones financieras.

El dinero puede existir en varias formas: físicamente como monedas y billetes, o digitalmente como saldo en cuentas bancarias. **La aceptación del dinero se basa en la confianza de las personas** en su valor y su capacidad para servir como medio de intercambio y depósito de valor."

Ahora la pregunta: **¿Podemos aún confiar en nuestro sistema monetario?** Pero, más importante: ¿Podemos ser felices con nuestra conciencia actual sobre el dinero? ¿Nos trae felicidad, tranquilidad y ligereza? ¿O pertenece nuestra conciencia sobre el dinero al pasado? ¿Debe cambiar algo en nuestra conciencia para que seamos felices con el dinero? Estas son preguntas psicológicas o filosóficas. Los ricos dirían: Somos felices. Los pobres dirían: No lo somos.

Ahora bien, hay un 10 % de personas ricas y un 90 % de personas no ricas. Sin embargo, no se puede deducir que el 90 % no sea feliz. Muchos de ellos lo son, en su interior. Y muchos de los ricos no lo son. No todos los ricos son felices, externamente pueden parecerlo, pero no en su interior. Y sus descendientes, en particular, tampoco lo son. Buscan su propósito, su verdadero "yo".

Así que lo que me importa es el interior, no lo externo. Muchas personas buscan la felicidad y la dicha en lo externo, por ejemplo, en el dinero, la propiedad y la acumulación. Pero la felicidad no está en lo externo, sino dentro de nosotros.

Trabajé durante 40 años en la industria financiera, primero en el área de crédito en Venezuela y luego durante 25 años como banquero privado para personas de alto patrimonio en América Latina, EE. UU. y Alemania. En el área de crédito, otorgué grandes préstamos a empresas y organismos gubernamentales. Vi cómo manejaban el dinero. Venezuela era uno de los países más ricos debido a su petróleo. Realmente no necesitaban créditos. Pero construyeron diversas industrias que más tarde colapsaron, y así también se perdió el dinero.

Como banquero privado, era responsable de la captación de nuevos clientes y sus fondos. Vi de cerca cómo estas personas manejaban el dinero. Eran todos empresarios. Casi todos habían comenzado desde cero y hoy tenían fortunas de millones de dólares. Me preguntaba cómo habían logrado acumular esas fortunas. Probablemente, la moral y la ética no habían tenido un papel demasiado importante, como ocurre hoy en día en el mundo de los negocios. *Debido a la búsqueda de beneficios y la presión de la competencia, se venden productos al consumidor — mediante un marketing hábil y a veces agresivo— que por fuera "brillan", pero por dentro están podridos. El cliente se siente más feliz con este producto que con otro, pero en realidad solo está cegado por un marketing excelente, es decir, las promesas publicitarias del productor o proveedor. Las redes sociales actuales como Apple, Google, Facebook, Instagram, WhatsApp, Telegram, TikTok, y la plataforma X también contribuyen a esto.*
Por cierto, las redes sociales tienen un impacto negativo en la satisfacción y la felicidad.

De todas formas, yo era el médico, terapeuta y psicólogo de mis clientes adinerados. En nuestras conversaciones personales, se trataba de su psique, sus sentimientos hacia su propia empresa y su familia. Aunque en nuestras profundas conversaciones la cuestión de dónde invertir el dinero solo surgía de forma marginal, el tema del dinero estaba indirectamente presente.

Muchos pensaban a quién en la familia confiarían su fortuna y a quién nombrar como sucesor de su empresa. O cómo protegerían su riqueza: "¿Cómo no perder lo que tengo?" Aquí, el miedo juega un papel importante. El miedo y, por otro lado, la codicia son los dos impulsores en los negocios financieros.

Conocí y atendí a personas con mucho dinero y escuché sus opiniones sobre el dinero. Para muchos se trataba de cómo ganar más dinero a partir del que ya tenían, cómo ganar aún más (aunque ya tuvieran 50 millones o más).
Para otros, 50 millones eran suficientes. Hacían algo bueno con su dinero, como invertir en educación y promover a jóvenes. Es decir, manejaban el dinero de manera sabia y social.
Otros jugaban con el dinero a la ligera, ganando y perdiendo. Algunos tenían un buen instinto o no.

Por otro lado, conocí en América Latina a personas que no tenían nada, pero sonreían desde el corazón. También en Europa conocí a personas con bajos ingresos que, aunque tenían algunas preocupaciones, tenían un conocimiento interno de que siempre estarían provistos.

Por lo tanto, depende de la actitud interior si soy feliz o no, con mucho o poco dinero.

Sin embargo, muchas personas no viven en su interior, sino en lo externo. Se preocupan por el dinero. No pueden dormir, son adictos al trabajo, o beben, juegan, etc. (en su mayoría también personas adineradas). Han perdido el suelo bajo sus pies. Muchas clínicas en Suiza están llenas de pacientes con estos fenómenos. La causa pueden ser traumas, en la infancia o más tarde, o patrones de creencias. Y el dinero suele tener un papel. Aprendí esto de mi propia familia de origen. En las clínicas, sin embargo, este tema no ha llegado a tratarse aún.

El dogma del dinero, ya sea rico o pobre, está generalmente asociado con preocupaciones, miedo a la pérdida y avaricia. Como consecuencia, se acumula dinero. Así, se produce un estancamiento. El flujo quiere fluir. El agua debe fluir. También el dinero debería fluir. Pero ya no fluye. ¿Por qué no? **No hemos manejado bien el dinero**.

A esto se añade la perspectiva familiar del dinero, que también suele estar determinada por una visión negativa. Como mencioné antes, los antecedentes familiares en relación con el dinero son un factor muy importante. En la infancia, escuchamos muchas cosas sobre el dinero de nuestros padres y abuelos. Estas afirmaciones, opiniones y puntos de vista sobre el dinero están implantados en nosotros. Quizás incluso los recibimos durante la concepción o el embarazo.

Además, la historia ha demostrado que el dinero a menudo se ha adquirido de manera poco ética y moralmente reprochable. Muchas familias, en algún momento de su historia, se han apropiado de dinero de esta manera. Hay muchas pruebas de ello. No solo el Instituto Max Planck lo sabe, sino también los historiadores. Yo mismo lo experimenté en mi propia familia.

Y si hemos adquirido dinero de manera poco ética, esto tiene un impacto subconsciente en la psique, las relaciones y las finanzas dentro de la familia, y a lo largo de generaciones.

¿Qué debe suceder para hacer felices a todas las personas con su dinero? Tenemos que cambiar nuestra conciencia. El dinero es un medio de intercambio, como sabemos. A partir de ahora, debemos tratar este medio de intercambio **de otra manera: con amor, con alegría, con afecto**. Podemos darlo a otras personas, a la cajera del supermercado, al empleado de la gasolinera, al camarero, con amor y de corazón, y desearles todo lo mejor.

Podemos honrar, amar y reconocer el dinero. Así, el dinero se vuelve "caliente". Porque hasta ahora ha sido "frío y sin sentimiento". Podemos cambiar la energía, poner nuestros sentimientos en él. Porque el dinero es energía.

Para muchas personas, esto es algo nuevo. Porque para ellos, el dinero es oscuro, pesado, quizá negro. Aunque el dinero es neutral, las personas lo perciben de estas diversas formas. Somos nosotros quienes hemos hecho negativa la energía del dinero, o la vemos así. Pero nosotros tenemos el poder de cambiarlo. Porque tenemos poder sobre el dinero. Podemos manejarlo de manera positiva o negativa.

Podemos decidir hoy hacia dónde queremos ir nosotros y el dinero. Podemos decidir hoy ver la energía del dinero de otra manera. Podemos amarla, honrarla, reconocerla y usarla de manera positiva.

**Si manejamos el dinero bien y lo utilizamos correctamente, entonces la alegría y la salud** (y no el miedo, la preocupación, la culpa o la depresión) **serán el resultado**. Es el conocido principio de causa y efecto.

**Podemos utilizar nuestra energía de manera positiva si queremos ser felices y si queremos que el dinero fluya hacia nosotros.** Porque hasta ahora no hemos manejado bien el dinero. Esa es la razón por la cual el dinero ya no fluye. Muchas personas y muchas empresas (VW, Mercedes y otras) ya lo están experimentando. El dinero ya no fluye como antes. Y pronto también lo experimentarán algunos gobiernos o países (EE. UU., Francia, Italia).

Para alcanzar la felicidad, necesitamos una nueva forma de manejar el dinero, una forma positiva. Entonces llegaremos a la alegría y la felicidad. Y así crearemos DINERO FELIZ. Podemos cargar la energía del dinero con positividad. Podemos hacer feliz al dinero.

El Dinero Feliz no es una nueva moneda, sino una nueva conciencia, una nueva percepción del dinero. Debemos cambiar la conciencia humana. Nuestra conciencia anterior no tenía un nivel alto. Estaba vinculada a la época correspondiente, es decir, iba de la mano con las circunstancias históricas.

Al principio, se trataba de sobrevivir. El dinero se utilizaba para salvar vidas. Aún hoy vemos esto en las personas de África o de zonas en crisis como Siria, Afganistán, etc., que pagan dinero a traficantes para salvar sus vidas y llegar a un país seguro.

Durante la guerra, los alemanes usábamos el dinero para comprar algo de comida, es decir, nuevamente para sobrevivir. Hoy usamos el dinero para hacer más, para multiplicarlo. Y muchos buscan cada vez más. Siempre que esa búsqueda no sirva al ego, para llenar un vacío interno o para obtener estatus, sino que sirva al bien común, está bien.

Sin embargo, las personas en países en desarrollo siguen luchando por sobrevivir. El dinero no les llega fácilmente. Se siente pesado.

Hoy vivimos en una nueva era. La visión de la vida y del dinero está cambiando. Muchas personas ya no están satisfechas con la perspectiva anterior. Se sienten atrapadas, agotadas, sin energía y desesperanzadas. Buscan algo nuevo, algo que les dé estabilidad, confianza y alegría. Buscan ese suelo dorado o el árbol salvador en el océano.

Nuestra tarea es hacer que el dinero fluya, verlo con alegría, considerarlo dorado y transformar el dinero, antes percibido como pesado y oscuro, en un flujo de Dinero Feliz.

Podemos dar a las personas una nueva, una conciencia ampliada sobre el dinero: a las personas en países en desarrollo, cuyo flujo de dinero es escaso, a las personas en países desarrollados, cuyo flujo de dinero es más constante pero aún insuficiente, y a las personas cuyas ganancias son prósperas.

Podemos dejar el pasado atrás y borrarlo de nuestra memoria. **Hemos llegado a un nivel de conciencia más alto**. Y con él, también a una nueva perspectiva y actitud hacia el dinero.

Algunas personas no se subirán al tren del dinero feliz de inmediato. Deben, desde la perspectiva de su alma, seguir el camino de un flujo de dinero escaso. Pero no les irá mal. No tendrán que luchar por sobrevivir. Es una tarea de aprendizaje para ellos: arreglárselas con poco.
Esto también se aplica a las personas que antes tenían mucho y vivían en abundancia. También ellos aprenden a ser felices con menos. Porque, como siempre hemos sabido, el dinero no da la felicidad.

Queremos ser felices. Debido a que no hemos manejado bien el dinero y porque nos hemos centrado más en lo material que en nuestro interior, no somos felices. Para ser felices, debemos tratar el dinero de manera diferente y verlo de otra manera.

Porque el dinero quiere ser feliz. Con una actitud diferente y una nueva perspectiva, el dinero será feliz. Y entonces vendrá a nosotros.

Si ponemos el foco más en los **valores internos** en lugar de los valores materiales, surgirá **Dinero Feliz**. Y así seremos felices. Estaremos más interesados en la satisfacción, la alegría y la felicidad que en la rentabilidad financiera.

*El dinero ya no funciona como antes, es decir, la rentabilidad financiera y la carrera por ella está llegando lentamente a su fin. Lo vemos en la disminución de los precios de los activos. La inflación, la pérdida de confianza, el alto endeudamiento y otras razones conducen a rendimientos reducidos o fallos.*

Del dinero duro pasamos ahora al dinero blando, emocional y, por lo tanto, feliz. Y seremos felices. Porque hoy no lo somos, ya que perseguimos la rentabilidad financiera y nos enfocamos en bienes de lujo y símbolos de estatus.

Esta nueva transformación del dinero tiene el siguiente beneficio: **el valor social de una persona se eleva y ya no está determinado por su posesiones materiales, sino por la alegría emocional** que crea para sí misma y para los demás.

Se trata de una nueva forma de convivencia en lugar de competencia y lucro propio. El éxito ya no se mide en ganancias financieras y riqueza, sino en **satisfacción y emociones positivas**.

Las personas no acumularían bienes materiales, sino que **brindarían alegría a través de la generosidad**, el cuidado y sus habilidades. El vínculo entre las personas podría ganar profundidad y significado. **La confianza sería la nueva "moneda".** El dinero actual sería algo secundario. **Valores emocionales como la empatía, la compasión, la alegría y la satisfacción serían los recursos más valiosos.**

Es una inspiración mutua: **seremos felices si tratamos el dinero de manera diferente y vemos cómo crece**. Y el dinero será feliz porque nosotros lo somos. Así que vendrá a nosotros. Nos hacemos felices mutuamente. Es un reinicio de nuestro sistema monetario y vital.

**Nos volveremos como niños.** Los niños no son felices porque tienen dinero. Son felices por sí mismos. Y entonces reciben los regalos (dinero y otros regalos). Y lo utilizan y construyen una nueva tierra en el juego y ven cómo crece. Se alegran de ello y son felices. El dinero ocupa un papel secundario para ellos. No es pesado, sino liviano.

Nosotros también vemos ahora el dinero de manera diferente: nuestra perspectiva anterior "el dinero es pesado; está asociado con la envidia, los celos y el engaño" la transformamos en: el dinero es ligero. Llega fácilmente a nosotros. Del dinero actual, pesado, oscuro, manchado, triste y doloroso, creamos "**Dinero Feliz**".

Nos imaginamos que el dinero feliz llega a nosotros. Lo tomamos en nuestros brazos y lo amamos, mucho. Imaginamos esta metáfora todos los días. Y entonces el **dinero feliz** comienza a llegar a nosotros, al principio lentamente, y luego cada vez más.

**Cambiamos nuestra intención**: ya no es la búsqueda de siempre más, sino estar satisfechos con lo que tenemos. Y usar el dinero en cosas que beneficien a todos.

**Confiamos y creemos en una instancia superior**: una energía invisible, cósmica, nos apoya porque nuestra intención es buena, en favor de la Tierra y la humanidad, es decir, al bien común y no solo (como antes) a nosotros y nuestro ego.

Esta creencia y confianza son un nuevo movimiento llamado **Money & Spirit**. Esto significa que el dinero viene de una gran fuerza una vez que hemos cambiado nuestra forma de pensar, nuestras intenciones y hemos desarrollado confianza. Podemos olvidar nuestras acciones, pensamientos e intenciones anteriores en relación con el dinero y el manejo destructivo de él. Los tiempos de la codicia, la envidia, los celos, el engaño, la manipulación y la corrupción en torno al dinero definitivamente han terminado.

Bajamos el dinero, el oro, del cielo a la tierra. ¿Cómo? Dejando que la luz dorada, nuestra intuición e inspiración, fluya a través de nosotros cada día. Esta luz nos hace conscientes de las cosas que debemos abordar para crear algo nuevo. Porque nacimos con dones. Y ahora podemos usarlos para transformar el mundo disruptivo en uno nuevo y más hermoso.

**Dinero Feliz es la nueva energía del dinero**. Desarrollamos una nueva actitud hacia el dinero: no más adicción al dinero, no más correr detrás del dinero. Y tal vez rompamos la conexión con la familia, es decir, las energías negativas.

Una conocida me contó el siguiente ejemplo. Su padre no tenía una buena relación con el dinero. Se le escapaba de las manos. El dinero no se quedaba con él. Y su hija experimentó lo mismo cuando se hizo adulta. Un día conoció a una mentora de energía. "Debe desvincularse de la energía de su padre", le dijo. Y lo hizo, diciéndole mentalmente a su padre: "Tu relación con el dinero no es mi tema (mi responsabilidad), sino la tuya. Yo no tengo nada que ver con eso. Me libero ahora de esta energía destructiva." Y a partir de ese momento, el dinero fluyó hacia ella. Y se quedó con ella. Y el dinero se siente bien con ella y se multiplica. Ama a la mujer. Y la mujer ama el dinero.

Y así, de un estado infeliz se convirtió en uno feliz. Mi conocida es muy feliz porque también pudo sanar otros temas con este método. ¿Cómo lo logró? Rompiendo las ataduras con la familia, en este caso las ataduras financieras. *Todos podemos romper esas ataduras: en la familia, en el trabajo, malas relaciones, trabajos aburridos, alcohol y otros problemas.*

Pero como dije al principio: podemos borrar nuestro pasado de nuestra memoria. Ha comenzado una nueva era. Podemos ver el dinero como un medio que a partir de ahora llega fácilmente a nosotros, que es dorado, que fluye hacia nosotros.

Podemos hoy eliminar las cargas familiares y personales del pasado. Porque el origen y la causa de nuestro malestar en el ámbito emocional y monetario se encuentran dentro de nuestra historia familiar. Esto nos lleva a nuestras raíces y a las raíces de nuestra familia, quizá al dolor, el sufrimiento y la tristeza causados por la familia.

En el camino hacia un manejo positivo del dinero, aprendemos a perdonar. Y nos reconciliamos con nuestra historia. Al final, está la sanación de nuestros antepasados, de nosotros mismos y, con ello, nuestra relación con el dinero.

Para ello podemos:
➤ Cambiar nuestras creencias y condicionamientos.
➤ Dejar fluir la alegría en nuestras actividades.
➤ Abrir nuestro corazón.
➤ Soltar el dinero y dejar de aferrarnos a él.
➤ Invertir dinero en personas y en la tierra y hacerlos felices.
➤ Confiar en que el dinero volverá a fluir hacia nosotros.
➤ Creer en el gran todo.

Con nuestro cambio, el dinero fluye.

➤ La riqueza interior se vuelve más importante que la riqueza exterior.

➤ Alegría y ligereza en lugar de codicia, miedo y preocupaciones.

➤ Amor en lugar de envidia, resentimiento y celos.

Luego veremos el dinero con otros ojos, con una nueva conciencia. El árbol está plantado. ¡Es un tiempo increíble! Lo viejo se va y lo nuevo llega. Ha comenzado una nueva época. **Y ese es el camino hacia el DINERO FELIZ**.

**El dinero es amor. El dinero es prosperidad. El dinero es abundancia**. Cuando usamos el dinero en algo que toca nuestro corazón, experimentamos el sentimiento de felicidad. Entonces llega la alegría. Y nuestros miedos desaparecen.
Y vemos cómo la inversión crece. Y estamos agradecidos.

El nuevo dinero hace florecer todo. ¡También nosotros floreceremos! Nuestro dinero nos hace florecer: nuestra salud, nuestra familia, nuestro trabajo, etc. **Damos el dinero con alegría, amor y gratitud. Y lo recibimos con alegría, amor y gratitud**. Y así la economía florece. De esta manera, todo puede "florecer": **con alegría, amor, gratitud y aprecio**.

El dinero nos será dado para ello. Cuando actuamos desde el corazón, el dinero viene a nosotros (automáticamente). ¡Dejemos que suceda! ¡Confiemos! Dejemos que la codicia por "más", así como el miedo y las preocupaciones, pertenezcan al pasado. **¡Dejemos que la alegría, la luz y el sol entren en nuestra vida!**

Porque el capital de las personas no es solo el "oro exterior", el dinero, sino también **nuestros potenciales, talentos y creatividad, nuestro valor y confianza, nuestra moral, honestidad y transparencia, así como nuestra alegría y salud**. Con este capital, podemos construir algo nuevo en cualquier momento.

Muchas personas han estado trabajando hasta ahora en una ocupación que no necesariamente está conectada con el corazón. Realizan cosas que no dan alegría, es decir, que no están orientadas al corazón. Porque hacen todo con la mente, como les enseñaron la sociedad, la familia, la escuela y la universidad. Debido a esto, las personas han adoptado creencias que hoy ya no son válidas.

Podemos confiar en nosotros mismos hoy: en nuestros dones, creatividad y competencia, en nuestras intenciones e intuiciones para las decisiones que tomamos o los caminos que elegimos cada día, incluso si algo sale mal. Si las personas aceptan esta nueva comprensión de sí mismas, entonces serán "ricas". Y entonces también llegará el dinero.

**El dinero llega a nosotros con facilidad si:**

- Valoramos el dinero.
- Lo vemos como energía que regresa a nosotros cuando lo manejamos bien y con benevolencia (y no con codicia, abuso o engaño).
- Usamos nuestro corazón, amor y espíritu.
- Somos abiertos y honestos con nosotros mismos y con todos los demás.
- Sentimos alegría en lo que hacemos.
- Hacemos algo bueno por otras personas.
- Invertimos el dinero en buenas cosas.
- Compartimos el dinero. Compartir = sanar.
- Hacemos las paces con el dinero, con nosotros mismos y con los demás.

El dinero es como un bebé querido. Lo tomamos en nuestros brazos, lo amamos y lo cuidamos.

**Con una nueva actitud, una nueva perspectiva, podemos convertir el dinero actual, que para muchos es "pesado", en dinero feliz, DINERO FELIZ.**

Lo más importante es la confianza. Hasta ahora, hemos confiado en el sistema, como escribí al principio: "La aceptación del dinero se basa en la confianza de las personas en su valor y su capacidad para servir como medio de intercambio y depósito de valor".

**Ahora se trata de nuestra confianza**, no en el sistema (que es terrenal), sino en el Gran Todo. Estamos conectados con todo, también con una dimensión/instancia superior (= el espíritu), con nuestro verdadero "yo" divino. Y de allí viene el dinero, en forma de los dones y talentos que traemos a la tierra.

Cuando somos niños, aún no conocemos nuestros dones y talentos. Pero ya los estamos usando inconscientemente, somos creativos y construimos o desarrollamos algo. También puede haber dinero involucrado en el juego, pero el foco del niño no está en el dinero. De hecho, ni siquiera lo conoce. El enfoque está en lo que quiere construir, crear. El dinero juega un papel secundario.

En mi libro "El Dinero Feliz" escribo sobre el niño cuyo corazón está abierto y es tocado por las muchas cosas hermosas que se revelan en el mundo infantil. Su fantasía y creatividad no tienen límites. El niño quiere construir un nuevo mundo. Comienza llevando sus ahorros a una jardinería y comprando una planta. Le da agua, amor y buena energía. Y así ve cómo crece la planta.

La familia le regala dinero nuevo y compra una segunda planta. También le da agua, amor y buenos pensamientos. También ve crecer la planta todos los días. Y así construye un nuevo mundo, un mundo que consiste en naturaleza, personas felices y dinero feliz, donde el respeto, el amor y la alegría son el nuevo fundamento de la vida.

Y esa es la transformación: en lugar de ver el dinero en la edad adulta como algo pesado y mal manejado, volvemos a la niñez y vemos el dinero como algo secundario, pero con gran respeto y amor. Y así llega el Dinero Feliz a nosotros de forma lúdica.

## 8. Capítulo: Felicidad y Espiritualidad

Vivimos en un mundo visible e invisible. Reconocemos el visible y creemos en las afirmaciones de los científicos, etc.

El invisible es sospechoso para muchas personas. No creemos en los mensajes que se expresan en este ámbito, a menos que estén explicados y probados científicamente, y que sean físicamente tangibles. Y es aquí donde las opiniones divergen. Algunos necesitan la prueba científica. Otros no. Saben por su pasado (vidas anteriores) y por su intuición que el mundo invisible y no probado científicamente es verdadero y real.

Los seres humanos somos seres de energía, compuestos en un cinco por ciento por conciencia. El 95 % es inconsciente. Muchos creen que nuestro conocimiento del cinco por ciento es desproporcionado, lo que nos lleva a mostrar ego, arrogancia y presunción, en lugar de practicar la humildad y la sabiduría.

Nuestro cuerpo físico está compuesto por centros de energía, también llamados chakras. Estos centros forman un sistema de comunicación, compuesto por nervios y hormonas, y se encuentran en los siete chakras del cuerpo.

Alrededor del cuerpo físico hay cuerpos de luz. Y estos cuerpos de luz atraen a otras personas, como se mencionó en el prólogo. Hoy podemos permitir que nuestro cuerpo de luz brille dorado, de modo que muchas personas sean atraídas hacia nosotros.

Podemos irradiar alegría y felicidad. Podemos hacer felices a las personas que nos rodean. Y podemos encontrarnos con otras personas a nuestro nivel, sin verlas como subordinadas o como adoradoras, es decir, irradiar amabilidad.

*"It needs just a smile to make other people happy."*

Sin embargo, cuando el sistema nervioso y el sistema hormonal no están en equilibrio, la persona vive en miedo, lucha o huida. Su mundo ya no es seguro. Y esto lleva a traumas, estrés y enfermedades.

Los chamanes son expertos en la sanación de traumas. Cuando sanan el cuerpo, restablecen el equilibrio del sistema nervioso y hormonal. Así evitamos el riesgo de almacenar nuestros traumas en el nervio vago, que conecta el cerebro con cada órgano del cuerpo. De este modo, el nervio vago se realinea y los traumas se sanan.

Y a través de este equilibrio también podemos cambiar la conciencia de las personas: del materialismo al interior del ser humano, del egoísmo al bien común, del "yo" al "nosotros", del enfoque en el dinero al enfoque en la felicidad, y de la energía patriarcal y masculina a la femenina.

El 95 % de todas las acciones ocurren en el campo invisible. Es un campo de energía que se comunica con el campo cuántico.

En este campo habitan los chamanes. Ellos saben cómo lidiar con los traumas. Poseen el conocimiento de las antiguas sabidurías. Son los antiguos sabios.

Nosotros también podemos volvernos sabios. Podemos aprender de los antiguos sabios. Podemos dejar a un lado nuestro orgullo, arrogancia y sentido de superioridad.

**Y así llegamos a la felicidad**, un sentimiento de dicha cuya fuente no es lo externo ni lo material, sino nuestros valores internos, nuestro corazón y nuestra alma (y, por ende, nuestra psique).

En este contexto, ¿cómo es posible que una persona cuyas células están llenas de cáncer, sabiendo que solo le quedan unos pocos meses de vida y que dejará solo a su hijo de 18 años en el mundo, pueda estar **llena de alegría, risa y positividad**?

Tuve la oportunidad de conocer a esta persona en 2015, en el Hippocrates Health Institute en Palm Beach, Florida, cuando visité este instituto por primera vez. Jackie estaba en el centro del comedor: rubia, angelical, radiante, feliz. Así me recibió, sin saber quién era yo.
Contó su historia. Estaba profundamente impresionado. ¡Qué sufrimiento! ¡Qué destino! Y luego esa alegría. Esa felicidad. Ese profundo conocimiento interior. Esa aparición divina.

Jackie Campisi era oftalmóloga en Connecticut, cerca de Nueva York, con una próspera consulta. Luego le diagnosticaron cáncer en la médula espinal. Pasó por un momento muy difícil en su vida. Al final, el cáncer fue vencido, perdió su consulta y la compañía de seguros le canceló la cobertura debido a los altos costos del tratamiento contra el cáncer.

Conoció el Hippocrates Health Institute en West Palm Beach y se mudó a Florida con su pareja. En este instituto comenzó a trabajar y ayudó a los pacientes con cáncer a ver el mundo de manera esperanzadora y positiva, en lugar de triste y negativa. Les daba **apoyo, confianza y alegría de vivir**.

Luego, Jackie volvió a desarrollar cáncer. Los médicos le dieron un año de vida. Ella permaneció alegre, esperanzada y radiante todo el día. La acompañé a ella y a su pareja durante mucho tiempo. En ese momento vivía en Miami y viajaba constantemente a Palm Beach para verla, darle fuerza, absorber su sabiduría y experimentar su conexión invisible con algo más grande, una fuente de la que bebía diariamente.
Ella no era religiosa. Pero había una fuente que la guiaba y le daba fuerza, de modo que no solo podía ayudarse a sí misma, sino también guiar a otras personas a algo increíble: **brindarles alegría, felicidad y dicha**.

Después de que pasó el año pronosticado por los médicos y ella seguía viva, nació en ella una sensación de felicidad adicional. Vivió otro año más. Pero se volvió cada vez más difícil, ya que perdió su trabajo en el instituto, ya no tenía dinero y su cuerpo se acercaba lentamente al final. Finalmente, recibió un trasplante de células madre patrocinado. Pero tampoco eso ayudó. Mientras tanto, yo había regresado a Hamburgo, pero seguía hablando o escribiendo constantemente con ella. Y luego se fue lentamente quedándose dormida.

Dos meses después, tenía un vuelo reservado a Miami para visitar amigos. ¡Qué sorpresa! Recibí la noticia de que el domingo siguiente a mi llegada se celebraría un servicio conmemorativo para Jackie en West Palm Beach.
¡Qué coincidencia que se planificara este servicio justo cuando estaría en Miami! Los organizadores del servicio no sabían que había planeado un viaje a Miami. Ese domingo, por supuesto, fui a Palm Beach y di el discurso de despedida para Jackie Campisi.

Fue una celebración muy hermosa, llena de ligereza, alegría y gratitud por los mensajes de Jackie a las personas, a quienes dio **fuerza, esperanza, luz y amor**, así como mi profunda gratitud por haberla conocido, ese ser angelical, casi divino, que hoy flota sobre nosotros en lo invisible y trae su felicidad a la tierra.

*"Reír es como una liberación, al igual que lo son las lágrimas.*
*Cuando me convertí en budista, aprendí y finalmente entendí*
*que el pasado, el presente y el futuro son uno. Todo lo que me*
*ha sucedido, lo bueno y lo malo, es parte de mí.*
*Lo he aceptado. Y esa aceptación me hace más fuerte".*
Tina Turner

En septiembre de 2007, di una lecture en un importante banco privado en Hamburgo: "¿Cómo traer el oro del cielo a la tierra?".

El oro del cielo también es invisible. No se puede tocar. Pero está allí. El oro es, por un lado, nuestro oro interior: nuestros talentos, potenciales y dones que traemos a la tierra al nacer.
Y, por otro lado, es el oro exterior: nuestro dinero, que fluye hacia nosotros gracias a nuestros dones. Son, por lo tanto, los valores internos los que materializamos. Y así llegamos al tema: ¿Cómo traer el oro del cielo a la tierra?

# 9. Capítulo: ¿Cómo traer el Oro del Cielo a la Tierra?

El 17 de septiembre de 2007, di la siguiente conferencia en la sede de la entonces honorable banca privada Sal. Oppenheim, en las oficinas de su sucursal en Hamburgo. Había tenido la intuición – la inspiración – de que el banco privado de 200 años no duraría mucho más en esa forma. Y, efectivamente, un tiempo después el banco tuvo que ser adquirido por el Deutsche Bank debido a un manejo imprudente y especulativo del dinero. De lo contrario, habría tenido que declararse en quiebra.

¡Qué vergüenza para una familia que había dirigido esta hasta entonces honorable casa bancaria durante siete generaciones! Pero, como se describe en este libro, los miembros de las familias a veces atraviesan destinos que no necesariamente se deben a sus propias acciones, sino a las causas de sus antepasados. Simplemente nacieron en esa familia porque su alma la eligió, y porque querían tener las experiencias correspondientes.

Por cierto, al día siguiente de la conferencia, fui llamado a la dirección. Me indicaron que no estaban contentos con el contenido de la conferencia, ya que no se podía sacar ningún beneficio monetario de ella. Sin embargo, el feedback del público fue muy positivo.

Al final de la conferencia, una distinguida dama de Hamburgo se levantó para felicitarme, diciendo que un tema tan complejo había sido presentado de manera tan comprimida y clara, y me invitó a un viaje a la India, donde este tema de la riqueza interior y la espiritualidad se enseña en una universidad. Unas semanas después viajé a la India.

El 5 de octubre de 2007, di la misma conferencia en el Rotary Club de Hamburgo-Altona. A algunos Rotarios les gustó, a otros no. Meses antes, ya había dado una conferencia sobre América Latina y, al final, mencioné:

"Muchos latinoamericanos, especialmente los indígenas (indios), no tienen riqueza material, pero tienen una riqueza interior. Esto se refleja en sus ojos brillantes, alegres y en su sonrisa. Aquí en Europa Occidental veo a personas con mucha riqueza exterior, pero sin sonrisa ni ojos brillantes y alegres en sus rostros".

Con esta afirmación tampoco hice amigos. Los Rotarios miraban avergonzados hacia otro lado.

Aquí está mi lectura:

**Estimadas señoras, estimados señores, queridos amigos,**
¡Bienvenidos a estos maravillosos espacios de Sal. Oppenheim! Primero quiero agradecer al banco privado Oppenheim y a su director para el norte de Alemania, el señor von Hirschhausen, por permitirme hablar aquí.

Estoy muy contento de poder hablar hoy sobre un tema muy especial:

**¿Cómo traer el Oro del Cielo a la Tierra?**

Quisiera presentarme brevemente, esbozar el camino de vida de Michael H., un comerciante de América Latina, y mostrarles mi visión de la VERDADERA RIQUEZA.

El propósito de esta conferencia es crear CONCIENCIA sobre la UNIDAD de la riqueza interior y exterior.

- Biografía de Rafael D. Kasischke
- Biografía de Michael H.
- Visión de la VERDADERA RIQUEZA
- Crear CONCIENCIA sobre la riqueza interior y exterior

1. **Presentación personal:**
   Estoy casado, tengo una hija de 13 años y un hijo de 11 años. He pasado 15 años de mi vida como banquero en América Latina. Otros 6 años en Estados Unidos. Trabajé en reconocidos bancos alemanes y suizos. Desde hace muchos años soy asesor independiente de bancos.
   A través de mis experiencias personales y destinos, he llegado a un camino completamente nuevo. Y de eso quiero hablarles hoy.

Quiero crear un **equilibrio de riqueza** para aquellos que lo permitan.

El valor del dinero está "fuera de balance". Debe reducirse de lo sobredimensionado a lo razonable. **El ser humano** y no el dinero debería volver a ser **el centro de la vida**, porque el dinero por sí solo no trae felicidad.



## 2. Selección de fotos

a). Personas ricas y famosas (riqueza exterior): Se trata de personas que han creado una riqueza material increíble.

b). Personas felices y cálidas: Amor, alegría, amistad, alma = riqueza interior.

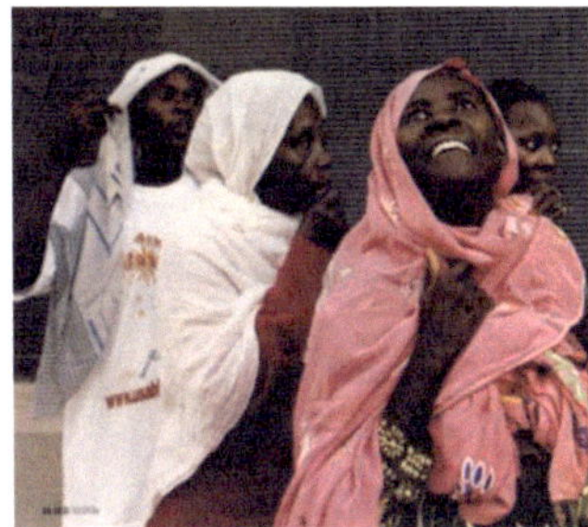

Todos conocemos a estos grandes hombres del dinero y sentimos su interior. Todos conocemos momentos de felicidad y amor y sentimos el gran anhelo por ellos.

¿Por qué los europeos y estadounidenses adinerados tienen rostros tensos debido al miedo y la preocupación por su dinero? ¿Por qué las personas pobres tienen una sonrisa feliz en el rostro?

¿Cuáles son los verdaderos valores?
¿Qué es la riqueza exterior? ¿Qué es la riqueza interior?
¿Cómo obtener ambas?

¿Cómo convertir el dinero en ORO?
¿Qué oro es el que se menciona aquí?

Solo llegamos a él si hacemos una cosa: Debemos seguir el camino espiritual, debemos darle alma al dinero.

### 3. Historia de Michael H.

Algunas personas ya han experimentado esta SABIDURÍA, como por ejemplo el comerciante Michael H., de quien les hablaré ahora brevemente. ¿Por qué él?
Porque Michael H. ha comprendido que solo la UNIDAD de la riqueza interior y exterior lleva a la FELICIDAD.

Michael H. nació en 1941 en Hamburgo. Proviene de una familia humilde. Realizó un aprendizaje como comerciante de importación y exportación. A los 20 años, comienza su SUERTE EN LA VIDA: obtiene la oportunidad de trabajar en una cadena de alimentos en América Latina.

Pero pronto llega el primer golpe del destino: los propietarios fueron imprudentes con las finanzas. La empresa se declara en quiebra.
Michael toma una nueva oportunidad. Establece una plantación de caña de azúcar. Pero también este esfuerzo fracasa. Un incendio destruye toda la plantación.
Se encuentra en la calle: con grandes deudas y sin trabajo.

Lo que realmente le ayudó a superar todos estos golpes del destino fue su esposa Marilu, a quien conoció y se casó poco después de su llegada a Perú. ELLA es quien acompaña a Michael en su camino de vida. Siempre está a su lado, incluso en los momentos más oscuros. Ella es quien trae un rayo de luz a las situaciones difíciles de sus negocios.

Ella siempre le da ÁNIMO. Lo mira con sus cálidos ojos marrones y él sabe que debe seguir adelante.

Y así logra mucho en su vida. Se convierte en un empresario exitoso en el sector naviero y acumula una gran fortuna. Pero incluso en este camino experimenta altibajos. Aprende lecciones de la vida. Vive experiencias que duelen mucho.
Es víctima de extorsión y tiene que entregar una gran parte de sus ganancias comerciales a un funcionario del gobierno,
Y vive con el miedo constante de perder a su familia por un secuestro. Por eso envía a sus hijos a estudiar al extranjero.

En todas estas situaciones, Marilu le sonríe con sus cálidos ojos, porque sabe que el destino nunca se puede controlar...
Él se ha vuelto sabio. Ha buscado el sentido de la vida y lo ha encontrado. Ha encontrado su camino en la vida, el camino que debía recorrer en la Tierra.

Y de eso se trata en la Tierra: cada uno debe encontrar su camino. Y cada uno debe recorrer este camino solo. Sin embargo, todos reciben ayuda. La clave es la actitud interior: "Tener confianza en Dios".

Cuando Michael, hoy en día, mira desde su apartamento en Hamburgo hacia el puerto y reflexiona sobre su vida, se siente orgulloso de lo que ha logrado y se siente muy feliz. Su esposa y sus cuatro hijos llenan su CORAZÓN. Es el EQUILIBRIO entre valores materiales e interiores. Se ha creado RIQUEZA.

Lo que realmente es importante para él en la vida es la FELICIDAD, la satisfacción y la familia. Y eso no se puede comprar con DINERO.

Quien logra este EQUILIBRIO es una persona feliz y completa.

Hoy en día, muchos buscan FELICIDAD y DINERO.

Está en la calle, está DENTRO DE NOSOTROS. Solo tenemos que estar dispuestos a recibirlo.

La historia de Michael representa el camino de vida de muchos alemanes en el extranjero, pero no solo en el extranjero. Y refleja mi propio camino de vida. Michael ha tocado mis temas al decir: lo único que realmente tiene VALOR son los ojos consoladores y apacibles de su esposa.

Esta afirmación tiene una importante componente espiritual: a través de los ojos miramos el alma de las personas. Y en almas como la de Marilu encontramos consuelo y sanación que realmente ayuda. Esto es una ley cósmica.

¿Por qué cuento esta historia?

La vida de Michael refleja la VIDA DE TODOS NOSOTROS: hay altibajos. Una VIDA nunca transcurre en línea recta. Pero después de cada "bajada" viene una "subida".

Michael nunca se rinde, siempre encuentra FUERZA y optimismo para empezar de nuevo.

He visto el mismo rasgo de carácter en Estados Unidos: los estadounidenses también comienzan de nuevo después de un fracaso. ¿Y nosotros los alemanes? Después de un fracaso profesional, muchos alemanes se desesperan.

Yo también he atravesado valles y he estado desesperado. También luché mucho tiempo con esa desesperación. Ahora estoy escalando la montaña nuevamente. Me he levantado y, por eso, estoy en condiciones de ayudar a las personas a ver la LUZ en situaciones difíciles (quiebras, muerte).

**¿Qué me ha conmovido?**

- El despertar de Michael. Su expansión de conciencia. Su mentalidad de resiliencia y perseverancia.

- Su gran diligencia y su AMOR y DEDICACIÓN al trabajo. Así fue como el dinero llegó a él.

- La importancia de sus prioridades en la vida: el DINERO no es lo más importante para Michael, sino su amor por su esposa e hijos.

- Su esposa, quien siempre lo anima, le da fuerza y lo apoya; la que sabe amar.

4. **Mi Vision sobre el Dinero – el Oro:**

Aquí llegamos a mi visión de hacer el mundo más hermoso: distingo entre "riqueza interior" y "riqueza exterior". ¿Qué es la riqueza interior? Por supuesto: el CORAZÓN, el AMOR, el SENTIMIENTO de ser feliz.

De este modo, seremos capaces de crear un equilibrio entre los polos, que representan lo femenino y lo masculino en la Tierra. Llegamos al centro. Esa es la base para tratar de manera significativa y satisfactoria con lo que hoy es el tema aquí: el DINERO. Y así veo yo: el dinero es solo la energía neutral y fluida entre dos polos, el medio. Con esta conciencia, el dinero crea equilibrio, y entonces el dinero trae felicidad.

Con mis clientes, creo conciencia de unidad y conciencia del amor que todo lo abarca. Esto crea un sentimiento de satisfacción y felicidad. El camino hacia esto es a través de la espiritualidad. Y los medios que deben crearse para ello son a través del dinero. Yo conecto los emprendimientos relacionados con el dinero (el manejo del dinero) con la espiritualidad.
**Dios - Oro - Dinero.**

**El Juego de la Balanza**

Quisiera mostrarles, mediante un pequeño experimento,
el equilibrio entre la riqueza interior y exterior.
En el lado izquierdo está la riqueza exterior.
En el lado derecho está la riqueza interior.
En el platillo izquierdo colocamos: **casa, autos, yate**.
En el platillo derecho: **amor, alegría, talentos.**
Pueden ver que falta el EQUILIBRIO.

¿Cómo podemos crear un balance? El equilibrio lo creamos
colocando piezas de oro en el lado del amor y la alegría.
Así, la riqueza exterior se equilibra y alcanza la armonía.

El ORO representa realmente la riqueza exterior.
Pero el oro en el platillo derecho representa **la riqueza interior,
inmaterial**. A esto pertenece también la espiritualidad: la fe y la
confianza en algo superior. Esta parte debemos llenarla en las
personas.

Al proporcionar a las personas ALEGRÍA, FELICIDAD,
LIGEREZA y ESPÍRITU, creamos un equilibrio entre los valores
materiales y los valores interiores.
Y con este espíritu, así como con la alegría y el amor, aplicamos
el oro ideal en proyectos terrenales. Y estos nuevos proyectos
nos devuelven alegría y felicidad.

**Resumen**

**La riqueza interior (visión de oro) significa:**

1.  Venir al AMOR PROPIO, al AUTORRESPETO.

2.  Darse cuenta del propio VALOR, ser RICO, EXITOSO y PRÓSPERO.

3.  Realizar el TRABAJO con AMOR, es decir, con el CORAZÓN (entonces el DINERO viene automáticamente).

4.  Tener CONFIANZA EN DIOS.

5.  Escuchar la VOZ INTERIOR (la intuición).

6.  Vivir CONSCIENTEMENTE. Volverse consciente de los dones/talentos propios.

7.  Vivir en el PRESENTE y no en el PASADO o en el FUTURO.

8.  Asumir la RESPONSABILIDAD PERSONAL: "Confía en ti mismo".

9.  Seguir el CAMINO PROPIO y vivir la VERDAD PROPIA.

10. Reconocer el sentido de la VIDA en todo y ver positivamente todas las experiencias, cosas, personas. *Todo está bien tal como es. No cuestionar todo. Todo tiene su sentido. No hay coincidencias. Lo mismo se aplica al DINERO. No hay situaciones que sean suerte, azar o mala suerte. No, todo es una gran construcción de un plan de vida.*

11. Reconocer los CAMBIOS de "altibajos". Todo en la Tierra sube y baja/se alterna: positivo/negativo, sol/luna, día/noche, lluvia/sol, yin/yang, etc.

12. ¡Crear EQUILIBRIO/BALANCE! Llegar al CENTRO (esto significa: desarrollar el equilibrio entre la energía femenina y la masculina. Lo mismo se aplica al DINERO: siempre debe haber un equilibrio).

13. Llegar al CENTRO, desarrollar el PUNTO DIVINO.

14. No JUZGAR y no CONDENAR.

15. Tener PACIENCIA y mantener la CALMA. No ser impaciente. "No como yo quiero, sino como TÚ quieres".

16. Formar un LEMA: ¡Todo y todos me traen ahora felicidad!

**Riqueza exterior - ¿Y cómo puedo aumentar la riqueza exterior (visión del dinero)?**

Todos ustedes saben lo que significa la riqueza exterior. Lo más importante para la riqueza exterior es la inversión correcta y significativa. **Utilizar el dinero de manera inteligente, administrarlo bien y sabiamente, y manejarlo con cuidado**: esa es la responsabilidad de cada persona, de cada empresario, de cada banquero y administrador de patrimonio. Pero solo hay pocos inversores sabios.

Ahora bien, mi objetivo es utilizar la riqueza exterior de una buena y significativa manera para el bien de todos. Porque solo el SER HUMANO hace algo BUENO o MALO con el DINERO. El dinero sigue siendo neutral, ya sea que esté en Alemania, Suiza o Luxemburgo.

Por lo tanto, deberíamos manejar el DINERO y específicamente lo adquirido de manera positiva. Deberíamos tratarlo con cuidado. Deberíamos respetarlo y verlo con AMOR. Entonces se desarrolla positivamente. Ese es el secreto del éxito que quiero compartir.

**Lo mismo se aplica a las inversiones**. Deberíamos invertir en ellas con comprensión, respeto y amor. Deberíamos manejar bien las inversiones y poner energía positiva en ellas, es decir, debemos darles ALMA y BENDECIRLAS.

Entonces se desarrollan positivamente. Porque las inversiones no son seres vivos, como los humanos y los animales. Así que no tienen ALMA. Pero nosotros los humanos sí tenemos ALMA.

Y si utilizamos nuestro DINERO con CORAZÓN y AMOR, ya sea para comprar una casa, un auto, un bono o una acción, con el CORAZÓN amamos lo adquirido, entonces se desarrolla positivamente porque le hemos dado ALMA.

No debemos tener resentimientos. Y debemos tener PACIENCIA: no, mi DIOS, como yo quiero, sino como TÚ QUIERES.

Si amas tu DINERO y lo inviertes con dedicación y AMOR, y en cosas que te importan, entonces es rentable. Sin embargo, si solo inviertes tu dinero para que crezca y, además, rechazas la inversión, entonces no funcionará. Eso significa: no basta con invertir tu dinero en algo y pensar que ahora todo está seguro y que crecerá, sino que es importante participar, y hacerlo espiritualmente. Se debe establecer un contacto interno con tus inversiones. Dale toda la positividad de tu ser al negocio. Entonces se multiplica y es para el bien de todos. Así que no solo inviertas con la MENTE, sino también con el CORAZÓN.

Ya hay algunas personas que han entendido cómo manejar el dinero de la manera correcta: una forma de utilizar bien la riqueza exterior es donar/dejar dinero a fundaciones, museos, etc. Hacen algo BUENO con él. Y de esta manera, lo BUENO regresa a estas personas.

Y otra cosa es importante tener en cuenta: **el dinero es efímero.** Lo ganamos en la vida y luego lo dejamos a otros. **El dinero solo nos es prestado en la vida.**

Deberíamos ver el dinero como si nos hubiera sido prestado. Todo lo que compramos con él es un préstamo.

Warren Buffet no dejará su fortuna a sus hijos, sino que la donará para el bien de la sociedad. Porque, como dice él: **el dinero solo le fue prestado. Lo devuelve para buenos propósitos.**

Alfred Nobel y muchos otros han hecho lo mismo: han utilizado el dinero para el bien de la sociedad.

**Riqueza exterior (visión del oro)**

1. Dejar que el DINERO fluya.

2. Dar al dinero el VALOR CORRECTO. *(No hay nada negativo en el dinero. No hay que tener MIEDO al dinero, de que se pierda, de que genere poco rendimiento, de que esté en el extranjero, etc.).*

3. AMAR el DINERO y todo lo adquirido con él.

4. Manejar el DINERO CONSCIENTEMENTE.

5. Adquirir CONOCIMIENTO (y sabiduría) sobre inversiones de capital y sus RIESGOS. *(Fortalecer el conocimiento financiero, crear educación financiera. Configurar inversiones de manera que sirvan a las personas, ver el dinero como un "préstamo", crear "abundancia", etc.).*

**5. Ahora mi respuesta a la pregunta planteada al inicio:**

**"¿Cómo traer el Oro del Cielo a la Tierra?"**

Ayudo en mi trabajo a encontrar la riqueza interior, es decir,
a percibir la felicidad y la satisfacción.

*"Una vida plena no es el resultado de la realización
de todos los deseos. Es el fruto de un corazón lleno de amor".*

¿Cómo se obtiene este "corazón lleno de amor",
que es independiente de la posesión financiera?
Se trata de ablandar la dureza del corazón.

**Veo el ORO en el cielo y les traigo ese Oro a la Tierra,
bendiciendo las inversiones. Me importa que ustedes sean
FELICES, tanto interior como exteriormente. Quiero darles a
las personas DINERO y ORO, riqueza interior y exterior.**

En este contexto, quisiera finalmente agradecer a la banca Sal.
Oppenheim. Esta casa, durante siete generaciones, ha
demostrado siempre un gran CORAZÓN para sus amigos,
conocidos y familiares, incluso en tiempos difíciles. Por
supuesto, un banco también debe actuar según principios
económicos.

Durante muchos años hemos visto en todos los bancos solo el aspecto puramente comercial. El lado humano ha quedado atrás desde hace mucho tiempo. Pero la banca privada Sal. Oppenheim nunca ha olvidado este lado humano y lo sigue cuidando con gran énfasis. Mantiene la tradición, la adhesión a los viejos valores, a los valores humanos, y no piensa en ganancias a corto plazo, sino que tiene en mente relaciones duraderas con los clientes. Y eso la distingue por su estabilidad.

Y eso es lo más importante en nuestro tiempo, en el que se piensa a corto plazo. Porque los mercados suben y bajan. Lo más importante es la conservación y el aumento a largo plazo de la riqueza. Y ese es uno de los enfoques de la banca.
Estoy emocionado de trabajar con Sal. Oppenheim en el futuro.

Y así concluyo con las palabras de James D. Wolfensohn, ex presidente del Grupo del Banco Mundial, que pronunció con ocasión de la reunión anual del Banco Mundial en Dubái en 2003, porque estas palabras expresan lo que llevo en el corazón.

*"Señor Presidente: no hablo como un soñador o un filósofo.*
*Al igual que todos ustedes, yo también tengo una familia*
*y me preocupa su futuro.*
*Tenemos el **conocimiento** para hacer una diferencia.*
*Tenemos los **recursos** para hacer una diferencia.*
*Tenemos el **coraje** para hacer una diferencia.*
***Debemos actuar ahora para hacer una diferencia".***

James D. Wolfensohn, ex presidente del Banco Mundial

*"El futuro significa un creciente desequilibrio entre las personas, los recursos naturales y el medio ambiente.*
*Si actuamos hoy, podemos adelantarnos a estos desequilibrios y dirigir el mundo hacia un futuro mejor.*
*Si no actuamos, dejaremos a nuestros hijos problemas mayores".*

*"El objetivo más alto del capital no es ganar dinero, sino el uso del dinero para mejorar la vida".*

Henry Ford

Estoy emocionado de construir con ustedes un nuevo mundo financiero.

¡Muchas gracias por su atención!

**¿Cómo traer el Oro del Cielo a la Tierra?**
**El oro representa alegría, amor y felicidad.**

Hoy respondería: Traigo a las personas su oro interior a la Tierra: su verdadera esencia, su propósito, su despertar, así como alegría, felicidad y luz solar. Soy el puente entre el cielo y la Tierra.

Luz dorada y resplandeciente fluye hacia las personas. Luz dorada brilla a su alrededor. Esto los llena de AMOR. Se sienten seguros. Se sienten bien. Son felices. Una felicidad profunda y una alegría los rodean. Están conmovidos por esta luz. Llena sus CORAZONES. Sienten el AMOR y la conexión con algo más grande: la energía cósmica.

Se sienten felices, comprendidos y en paz con sus corazones. Con gran alegría abrazan a su familia, a sus amigos, a sus vecinos y a la comunidad.

Y este estado de ánimo contagia a otras personas. Vienen y quieren ver lo que está pasando aquí: una gran transformación, del abatimiento, el miedo y el sufrimiento, a la apertura de los corazones, al recibir la luz dorada, al sentir la alegría y la felicidad.

## Conclusión

Llegamos a la felicidad al dirigir nuestra atención...

- De vuelta a nuestra infancia: dejar correr libremente nuestra curiosidad, entusiasmo, creatividad y sentimientos.
- No aferrarnos a lo viejo. Soltarlo.
- Conectar con el todo y dejarnos guiar.
- Hacer un cambio de perspectiva: ver nuestro mundo con alegría y no con preocupaciones.
- Regalar una sonrisa a otras personas. Entonces la sonrisa volverá.
- Agradecimiento y perdón.

Entonces llegamos al estado de: felicidad, alegría, despreocupación, riqueza interior, satisfacción interior, valores internos, paz, libertad, ligereza, serenidad, tranquilidad y salud mental.

Y esto es lo más importante en la vida: la salud mental y la satisfacción. Pero a muchas personas les falta satisfacción y felicidad. Están enfocadas en los valores materiales en lugar de los valores internos.
Y tienen miedo: miedo al cambio. Se aferran a lo viejo: a lo material.

**Mensaje**

Cuando estamos satisfechos por dentro, no necesitamos acumular tantas posesiones externas. Y entonces podemos usar el dinero para otras cosas, como ayudar a otras personas a encontrar la alegría o la independencia, etc.

El gran desafío es **llegar al silencio** y escuchar dentro de nosotros mismos (y descubrir nuestro camino del alma/vida). Hasta ahora, solo hemos usado nuestra mente. Pero el mundo ha cambiado. Debemos aprender a no darle demasiado espacio a nuestra mente. Debemos dar la bienvenida a una conciencia superior. Es energía.

El dinero forma parte de nuestra vida. El dinero también es energía. Pero es uno de los grandes obstáculos para alcanzar la felicidad. Porque tenemos una mala relación con el dinero; porque nos preocupamos y tenemos miedo; porque tenemos demasiado o muy poco, etc.

El dinero quiere ser honrado, amado y reconocido. El dinero quiere ser visto con una conciencia superior, es decir, con una dimensión o instancia superior.

## Metáfora

Imaginen que el dinero pudiera escuchar, sentir y hablar (como una persona). ¿Qué escucharía el dinero? Escucharía lo que quieren hacer con él, para qué lo quieren usar.

¿Y qué sentiría? Siente si se usa bien o mal. Nosotros sentimos cuando nos tratan mal. ¿Qué pasaría si el dinero también pudiera sentirlo?

Si utilizan el dinero en algo positivo, entonces el dinero se siente bien. Pero si intercambian el dinero por algo negativo (comida rápida, alcohol, cigarrillos), ¿se siente bien el dinero? ¿Qué experiencias han tenido?

¿Y si el dinero pudiera hablar? ¡Guau! Qué revelación sería.

## Mensaje

Si tratamos bien el dinero y lo usamos adecuadamente, entonces resulta en alegría y salud = causa y efecto (y no en miedos, preocupaciones, mala conciencia, depresiones).

Todo es energía: las personas, el agua, el dinero, el amor. Todo debe fluir. Si no fluye, hay un atasco. Y entonces aparece la enfermedad.

## Mensaje

Ver todo con amor. Abrir el corazón. Dar aprecio: a la vida, al amor, a las personas, a la naturaleza y al dinero. ¡Y tener una buena relación con todo!

¿Y de dónde viene el agua, los seres humanos, el dinero? Todo viene de arriba, a la tierra. También el dinero. Prácticamente lo traemos con nosotros al nacer, ya que nacemos con talentos y potenciales que luego podemos canjear por dinero.

**El dinero llega a nosotros con facilidad cuando**
- APRECIAMOS el dinero
- lo vemos como ENERGÍA que vuelve a nosotros si lo manejamos bien y con buena voluntad (y no con avaricia, explotación, engaño)
- usamos nuestro CORAZÓN, AMOR y ESPÍRITU
- somos ABIERTOS y HONESTOS con nosotros mismos y con todas las personas
- nos ALEGRAMOS de lo que hacemos
- hacemos algo BUENO por los demás
- invertimos el dinero en COSAS BUENAS
- hacemos las paces con el dinero, con nosotros mismos y con los demás.

El dinero es como un bebé amado. Lo tomamos en brazos, lo amamos y lo tratamos con cuidado.

Son muy importantes los siguientes pasos: **tener confianza** (en todo).

Confía en el flujo del dinero/negocios. No tengas miedo. Esa es la mayor barrera. Porque la gente tiene miedo, lo retiene y ahorra para tiempos difíciles. Si estamos rodeados de miedo, siempre permitiremos que el dinero controle nuestra vida. **Pero si confiamos, podemos soltar.**

**¿Cómo llegamos a la confianza?**
- Soltando los enredos con la familia, la pareja, el trabajo, etc.
- Confiando en nosotros mismos: No tengo miedo de que algo salga mal.
- Confiando en el todo, en la dimensión/instancia superior (= el ESPÍRITU).

-

**Hacer las paces – con nosotros mismos y con los miembros de la familia, con el dinero.**

Llevamos muchas heridas dentro – heridas que vienen de nuestra familia/antepasados y de nuestra infancia.

Debemos entender que nuestros padres y abuelos también sufrieron estas heridas. Y pase lo que pase en nuestra infancia: nuestros padres y abuelos también han sufrido destinos. Y los llevamos en nuestro sistema (hasta la vejez). Deben ser sanados. Debemos liberarnos de ellos, por ejemplo, de las heridas emocionales, de no ser vistos, de ser abandonados, de la ausencia emocional de la madre/padre, de no ser amados, etc.

**Estos sentimientos profundos de abandono pueden continuar en la vida adulta.** Algunos ya no quieren tener nada que ver con su familia; otros empiezan a beber, a consumir drogas o a trabajar mucho para no pensar en ello. La forma en que amamos, la forma en que luchamos en nuestras relaciones, todo está relacionado con nuestra infancia.

No necesitamos repetir los patrones que marcaron nuestra infancia. Podemos enfrentar nuestros traumas. Podemos sanarnos solos.

**Hacer las paces implica perdón, reconciliación.**
Debemos hacer las paces con nosotros mismos, con nuestros padres y antepasados. Debemos perdonarles y reconciliarnos con ellos.

**Ejercicio**: Imaginen que se abrazan a sí mismos y se aprietan muy fuerte, se perdonan y se reconcilian. Y ahora imaginen que abrazan a su madre, la aprietan y la perdonan y se reconcilian con ella.
Hagan lo mismo con su padre.

Y debemos **agradecer** – agradecer que tuvimos la experiencia con nuestros padres. ¡Eso es sanación!
Nos perdonamos por haber tomado ese camino deshonesto en la vida y haber hecho negocios sucios.
Luego perdonamos a todos aquellos a quienes hemos dañado – en forma material y emocional.
Y luego perdonamos a nuestros padres, que inconscientemente nos llevaron a este tema del dinero.

Si plantamos un árbol, empezamos un nuevo proyecto, encontramos un nuevo amor, etc., y ponemos mucho corazón, amor y espíritu en la raíz/tierra, entonces el árbol, la planta, el proyecto, la inversión, el dinero crecen y florecen.
**Porque con nuestra conciencia superior, todo aquello en lo que la pongamos crece.** El rendimiento será integral, no solo material, sino también inmaterial: alegría de vivir, salud, alegría, entusiasmo, ligereza, sentido de la vida.

Y así como reímos y nos alegramos, el dinero también quiere reír.

Se trata de la integración
de los VALORES internos y externos
del Interior y el Exterior
de lo material y lo espiritual
de la energía masculina y femenina
del individuo y la sociedad
del hemisferio izquierdo y derecho del cerebro.

Así se logra un equilibrio (Yin/Yang). Y así se crea armonía: en las personas y entre las personas. Con la integración, las personas alcanzan una conciencia superior.

Hoy comienza la época de conectar lo material con lo inmaterial. Así obtenemos ambos: dinero y salud interior. Abrimos nuestro corazón.

Y damos aprecio a nuestra vida y al dinero. Nosotros y el dinero queremos ser "vistos" y "notados", es decir, ser percibidos como energía. Entonces fluye hacia nosotros, multiplicada.

El objetivo/resultado de nuestro cambio y nueva perspectiva es: **FELICIDAD, ALEGRÍA, SENTIDO, SATISFACCIÓN y SALUD.**

**Ejercicio final: ORO cae del CIELO**

Imaginen cómo cae oro del cielo. Vean las monedas de oro caer del cielo. Este oro divino representa alegría de vivir, felicidad, alegría y amor.

Recoge las monedas lenta y cuidadosamente. Siente el oro. Está caliente. Es cariñoso. Es afectuoso. ¡Abrázalo con tu corazón!

I have a dream:

Making people HAPPY and HEALTHY by
bringing JOY, HAPPINESS, and PROSPERITY
into the world.

# Apéndice

## I. Nuestro viaje compartido de transformación

**Para continuar en este viaje de transformación**: necesitamos entender que nuestra mente subconsciente está moldeada por experiencias y emociones del pasado, muchas de las cuales podría ser que ni siquiera estemos conscientes. Al traer estos elementos ocultos a la superficie y procesarlos, podemos comenzar a liberarnos de los patrones que nos limitan.
La meditación, la atención plena y las prácticas que fomentan la autorreflexión son herramientas poderosas para este viaje. Al calmar la mente, podemos acceder a capas más profundas de nuestra conciencia, lo que nos permite observar y eventualmente liberar las emociones que han estado almacenadas allí.

### El papel del perdón y la gratitud
El perdón no se trata de justificar las acciones de otros; se trata de liberarnos del peso emocional que cargamos. Cuando perdonamos, liberamos la energía ligada a los resentimientos pasados, creando espacio para que fluya nueva energía positiva.

La gratitud, por otro lado, cambia nuestro enfoque de lo que falta a lo que ya está presente y es abundante en nuestras vidas. Es una práctica que eleva nuestra vibración y nos alinea con la energía del amor y la abundancia.

**Reconectando con nuestro niño interior**

Para sanar verdaderamente, debemos reconectar con nuestro niño interior: la parte de nosotros que es pura, creativa y llena de asombro. Esta reconexión nos permite experimentar la vida con un sentido de juego y alegría, sin la carga de los miedos y expectativas que se han acumulado con el tiempo.

Al nutrir a nuestro niño interior, podemos redescubrir las alegrías simples de la vida y cultivar una sensación de ligereza y libertad.

**Viviendo en el momento presente**

El momento presente es el único lugar donde puede ocurrir un verdadero cambio. Cuando nos quedamos en el pasado, mantenemos abiertas viejas heridas. Cuando nos preocupamos por el futuro, creamos ansiedad.

Al enfocarnos en el presente, podemos experimentar la vida plenamente tal como es, sin las distorsiones del dolor pasado o los miedos futuros. Esta presencia nos permite responder a la vida con claridad, compasión y creatividad.

**Abrazando el viaje**

El viaje hacia la felicidad y la realización no es un camino recto. Está lleno de altibajos, momentos de claridad y tiempos de confusión. La clave es abrazar el viaje con el corazón abierto, confiando en que cada experiencia es parte de nuestro crecimiento. Al dejar ir la necesidad de perfección y permitirnos ser humanos, creamos espacio para la alegría, la conexión y la verdadera transformación.

Al final, la felicidad no es algo que logramos; es algo en lo que nos convertimos. Es el resultado de vivir auténticamente, amar profundamente y abrazar cada momento a medida que llega. A medida que continuamos sanando y creciendo, nos convertimos en faros de luz, difundiendo alegría y positividad a quienes nos rodean.

Caminemos juntos este camino, apoyándonos mutuamente mientras transformamos el miedo en amor y la limitación en libertad.

## Cultivando la fuerza interior

Para continuar nuestro viaje de transformación, es esencial cultivar la fuerza interior. La fuerza interior es la capacidad de mantenerse enraizado y resiliente ante los desafíos de la vida. Implica confiar en nosotros mismos, construir autodisciplina y desarrollar una mentalidad que vea los obstáculos como oportunidades de crecimiento. Al cultivar la fuerza interior, podemos enfrentar nuestros miedos de frente, sabiendo que tenemos el poder de superarlos.

## El poder del amor propio

El amor propio es la base de una vida plena y alegre. Significa aceptarnos tal como somos, sin juicio ni crítica. Cuando nos amamos a nosotros mismos, creamos un ambiente interno de seguridad y aceptación que nos permite prosperar.

El amor propio también significa establecer límites saludables, priorizar nuestro bienestar y tratarnos con la misma amabilidad y compasión que ofrecemos a los demás. Al abrazar el amor propio, nos convertimos en nuestra propia fuente de apoyo y felicidad.

## Creando conexiones significativas

Los seres humanos somos criaturas sociales, y las conexiones significativas son vitales para nuestra felicidad. Al cultivar relaciones basadas en la autenticidad, la empatía y el apoyo mutuo, creamos una red de amor y comprensión que nutre nuestra alma.

La verdadera conexión ocurre cuando nos permitimos ser vulnerables, compartimos nuestro verdadero ser y escuchamos profundamente a los demás. Estas conexiones nos recuerdan que no estamos solos y que todos somos parte de algo más grande.

## Encarnando la alegría y la ligereza

La alegría y la ligereza son estados del ser que surgen cuando dejamos ir las cargas que llevamos y nos permitimos simplemente ser.

Para encarnar la alegría, debemos priorizar actividades que nos brinden placer y satisfacción, ya sea pasar tiempo en la naturaleza, involucrarnos en actividades creativas o simplemente reír con amigos.

La ligereza proviene de soltar la necesidad de controlar todo y abrazar el flujo de la vida. Al encarnar la alegría y la ligereza, inspiramos a otros a hacer lo mismo y contribuimos a un mundo más alegre.

## El efecto dominó de la transformación personal

Nuestra transformación personal no solo nos impacta a nosotros; crea un efecto dominó que toca a todos los que nos rodean. Cuando nos sanamos, contribuimos a la sanación de nuestras familias, comunidades y el mundo.

Nuestra energía, pensamientos y acciones influyen en quienes tenemos contacto, y al encarnar el amor, la compasión y la autenticidad, inspiramos a otros a emprender sus propios viajes de transformación. Juntos, podemos crear un mundo donde la felicidad, la paz y la conexión sean la norma.

## Continuando la práctica

La transformación es un proceso continuo que requiere práctica y dedicación constantes. Implica decisiones diarias para alinearnos con el amor, liberar el miedo y cultivar la alegría.

Algunas prácticas que apoyan este viaje incluyen la meditación, el diario, pasar tiempo en la naturaleza, practicar la gratitud y realizar actos de bondad. Al hacer de estas prácticas una parte regular de nuestras vidas, reforzamos nuestro compromiso con el crecimiento y creamos un cambio duradero.

Recordemos que todos estamos en este viaje juntos. Al apoyarnos mutuamente, compartir nuestras experiencias y dar espacio para el crecimiento de los demás, creamos una comunidad de transformación. Sigamos caminando este camino con valentía, amor y un corazón abierto, sabiendo que el viaje en sí mismo es el destino, y que la felicidad se encuentra en cada paso que damos.

**Reflexiones finales**

La felicidad no es un destino, sino una forma de ser. Es el resultado de vivir en alineación con nuestro verdadero ser, abrazar nuestras emociones y cultivar el amor y la compasión hacia nosotros mismos y los demás. Al dejar ir lo que ya no nos sirve y entrar en nuestro poder, podemos crear una vida llena de alegría, propósito y realización.

Comprometámonos con este viaje de transformación, sabiendo que cada momento nos ofrece la oportunidad de crecer, sanar y experimentar la belleza de la vida en su plenitud.

# II. ¿Qué entiendes por "Dinero y Espíritu"?

**"Dinero y Espíritu"** se refiere a la relación entre los recursos financieros y los valores espirituales o internos de una persona. Explora cómo el dinero y los recursos materiales pueden alinearse con aspectos más profundos e inmateriales de la vida, como el significado, la ética, la felicidad y la realización.
Aquí se presentan algunos temas centrales a menudo discutidos en este contexto:

## 1. Dinero como un flujo de energía

En las tradiciones espirituales, el dinero a veces se considera una forma de energía que debe fluir y compartirse.
El objetivo es desarrollar una relación armoniosa con el dinero, en la cual no se vea ni como el único objetivo ni como un enemigo, sino como una herramienta que puede ponerse al servicio de un mayor propósito espiritual.

## 2. Consciencia en el trato con el dinero

"Dinero y Espíritu" enfatiza la importancia de ser consciente y estar atento al manejar el dinero. Esto significa ser consciente de los propios valores y prioridades y asegurarse de que la manera en que se gana, gasta, ahorra o invierte el dinero esté alineada con esos valores. Se plantea la pregunta: ¿El uso del dinero apoya mi crecimiento personal y espiritual?

### 3. Ética y decisiones financieras

Este concepto también abarca los aspectos éticos del dinero. Se plantean preguntas como: ¿Mi dinero se gana o invierte de una manera que esté alineada con mis principios éticos?

Por ejemplo, uno podría considerar si está invirtiendo en empresas éticas o utilizando su dinero para propósitos que tengan un impacto positivo en la sociedad.

### 4. Libertad de los apegos materiales

Muchas enseñanzas espirituales enfatizan que los bienes materiales y el deseo de riqueza no deben ser el objetivo último en la vida.

"Dinero y Espíritu" explora cómo se puede usar el dinero sin estar apegado a él o verlo como una fuente de autoestima o felicidad. Se trata de equilibrar la seguridad financiera con la libertad interior.

### 5. Generosidad y compartir

La generosidad y el compartir la riqueza son temas centrales en la relación entre el dinero y la espiritualidad.

A menudo se recalca que el verdadero crecimiento espiritual radica en la capacidad de apoyar a los demás y utilizar los recursos materiales para fomentar el bienestar de la comunidad.

## 6. Abundancia vs. escasez

Otro concepto importante es la distinción entre una "mentalidad
de escasez" (la creencia de que nunca hay suficiente) y una
"mentalidad de abundancia" (la creencia de que el universo tiene
suficientes recursos para todos).

"Dinero y Espíritu" anima a las personas a desarrollar una
mentalidad de abundancia, donde uno se siente rico incluso si
no posee mucho, porque confía en la vida y en sus propias
habilidades.


**En resumen**, "Dinero y Espíritu" examina el significado más
profundo del dinero en la vida humana y cómo se puede
encontrar una manera saludable, ética y espiritualmente
satisfactoria de relacionarse con él.

Es un enfoque que no ve el dinero como algo puramente material
o mundano, sino como algo profundamente conectado con los
valores, creencias y objetivos de una persona.